R. T. Kendall es un teólogo brillante y un hombre del Espíritu. Con una precisión equilibrada y exegética nos ha dado una guía completa y bastante legible sobre cómo obra el Espíritu Santo en nuestra vida. Lea un capítulo todos los días y siga con las oraciones y versículos incluidos, y no solamente aprenderá más acerca de quién es el Espíritu Santo, sino —más importante— vendrá a conocerlo en una manera totalmente nueva. Creo que este libro podría inspirar grandemente su corazón y cambiar su vida.

—Mike Bickle

International House of Prayer

de Kansas City

T0188589

# 40 días

## con el

# ESPÍRITU SANTO

# 40 días

## con el

# ESPÍRITU SANTO

*Una travesía para experimentar*
*su presencia en una manera fresca y nueva*

# R.T. KENDALL

CASA
CREACIÓN
*Para vivir la Palabra*

*Para vivir la Palabra*

MANTÉNGANSE ALERTA;
PERMANEZCAN FIRMES EN LA FE;
SEAN VALIENTES Y FUERTES.
—1 CORINTIOS 16:13 (NVI)

*40 días con el Espíritu Santo* por R.T. Kendall
Publicado por Casa Creación
Miami, Florida
www.casacreacion.com
©2014-2021 Derechos reservados

Library of Congress Control Number: 2014943819
ISBN: 978-1-62998-269-4
E-book ISBN: 978-1-62998-274-8

Desarrollo editorial: *Grupo Nivel Uno, Inc.*
Diseño interior: *Grupo Nivel Uno, Inc.*

Publicado originalmente en inglés bajo el título:
*Forty Days With the Holy Spirit*
Publicado por Charisma House,
Charisma Media Company,
© 2014 R.T. Kendall

**Nota de la editorial**: Aunque el autor hizo todo lo posible por proveer teléfonos y páginas de internet correctas al momento de la publicación de este libro, ni la editorial ni el autor se responsabilizan por errores o cambios que puedan surgir luego de haberse publicado.

Impreso en Colombia

23 24 25 26 27 LBS 9 8 7 6 5 4 3

A Toby y Timothy

# CONTENIDO

# PREFACIO

Q UEDÉ SORPRENDIDO PERO deleitado de que mi casa editora me pidiera escribir este libro: *40 días con el Espíritu Santo*, una secuela de mi libro *Fuego santo*. Quiero agradecerles a mi editora, Debbie Marrie, y a su colaboradora, Deborah Moss, por su aliento.

Ahora en nuestro retiro, nuestro hijo, Robert Tillman Kendall II (a quien llamamos TR), y [su esposa] Annette nos han dado dos maravillosos nietos: Tobias Robert y Timothy Robert. Louise y yo no estábamos preparados para el increíble y sorprendente placer que los nietos pueden dar. Son nuestras oraciones que Toby y Timothy vengan al conocimiento del Señor Jesús ahora que son jóvenes y que lean este libro conforme vayan creciendo. Queremos que experimenten hambre por el Espíritu Santo y que sean llenos de Él como Jesús prometió.

—R. T. KENDALL

WWW.RTKENDALLMINISTRIES.COM

# INTRODUCCIÓN

En mi libro *Fuego santo* declaré que hay veintiún cosas que cada cristiano debería saber acerca del Espíritu Santo. Pero hay, con toda seguridad, mucho más que necesitamos conocer acerca de Él. En este libro hice dos cosas básicamente: (1) Desarrollé estos veintiún principios, y (2) escogí diecinueve enseñanzas más de la Biblia sobre el Espíritu Santo. Esto nos trae a cuarenta enseñanzas básicas acerca de Él.

¿Por qué cuarenta? Porque *cuarenta* es un número en la Biblia que tiene significado recurrente. El diluvio en la época de Noé vino con cuarenta días de lluvia (Génesis 7:17). Moisés pasó cuarenta días en el monte Sinaí (Éxodo 24:18). Jesús ayunó cuarenta días en el desierto (Mateo 4:2). Ascendió al cielo cuarenta días después de su resurrección (Hechos 1:3). Por lo tanto, lo invito a entrar en una travesía de cuarenta días en pos de una mayor medida del Espíritu Santo; no meramente para aprender más *acerca* de Él, sino para experimentarlo... *a Él*. Escribí *Fuego santo* para hacer que el lector tuviera hambre por el Espíritu Santo. He escrito este libro con el fin de que usted pueda experimentar el testimonio inmediato y directo del Espíritu Santo en mayor medida de lo que ha conocido. Hay una diferencia entre saber acerca de alguien y conocer a esa persona íntimamente.

El Espíritu Santo le da la bienvenida a entrar en una cercana relación con Él. Lo insto a leer este libro en oración. Un día a la vez. Algunos quizá consideren leer esto sobre sus rodillas. Sí, usted *podría* leer el libro entero en una hora o dos. Pero se perdería el propósito de este libro. Le pido a Dios que este libro caliente su corazón, genere una mayor hambre en usted, y que lo lleve a que sea lleno del Espíritu Santo. Jesús prometió que los que tienen hambre y sed de justicia serán «saciados» (Mateo 5:6). Pablo oraba que fuéramos «llenos de la plenitud de Dios» (Efesios 3:19); de hecho, que pudiéramos ser «llenos del Espíritu» (Efesios 5:18).

Cada día concluye con pasajes adicionales para un estudio más profundo, así como con oración y espacio para que escriba lo que Dios le esté diciendo durante este tiempo. Si está siguiendo este estudio como un libro electrónico (ebook), utilice su diario personal o un cuaderno para registrar lo que Dios le vaya hablando. Que Dios lo bendiga a medida que usted avanza.

# EL ESPÍRITU SANTO ES DIOS

COMIENZO CON ESTA impactante verdad porque es lo más importante que se puede decir acerca del Espíritu Santo: que Él es Dios. Plenamente Dios. El Espíritu Santo es completamente Dios, así como el Padre es Dios y Jesús, el Hijo, es Dios. Sabemos que el Padre es Dios; esta es la suposición que aceptamos sin sentido crítico; es como decir que Dios es Dios. Y como cristianos igualmente creemos y confesamos que Jesús es Dios. «En el principio ya existía el Verbo, y el Verbo estaba con Dios, y el Verbo era Dios» (Juan 1:1). La Palabra se hizo carne (v. 14) y aun así permaneció siendo completamente Dios. Jesús fue (y es) Dios como si no fuera hombre, y es al mismo tiempo hombre como si no fuera Dios. Dios mismo llama a Jesús Dios, porque le dijo al Hijo: «Tu trono, oh Dios, permanece por los siglos de los siglos» (Hebreos 1:8). Como Juan resumió en su epístola general: Jesucristo «es el Dios verdadero» (1 Juan 5:20).

Por lo tanto en la misma exacta manera el Espíritu Santo es verdaderamente, totalmente y plenamente Dios; como Dios es Dios.

Cuando Ananías le mintió al Espíritu Santo le mintió a Dios. Pedro le dijo a Ananías: «¿Cómo es posible que Satanás haya llenado tu corazón para que le mintieras al Espíritu Santo [...]? [...] ¡No has mentido a los hombres sino a Dios!» (Hechos 5:3-4). Como consecuencia, Ananías (y luego su esposa, Safira) murieron de inmediato. El Espíritu Santo estaba presente en la primera iglesia en un nivel sumamente alto. Estaban en una «situación de avivamiento» que es algo que la iglesia tristemente no está experimentando en el momento. Así que cuando Dios se manifieste con tanto poder como en esa época, se volverá peligroso mentir en su presencia. Mentirle al Espíritu Santo era como jugar con electricidad de alto voltaje con las manos mojadas.

Pablo también demostró la deidad del Espíritu Santo cuando dijo que somos el «templo» de Dios. El templo es el lugar donde Dios mismo mora. «Si alguno destruye el templo de Dios, él mismo será destruido por Dios» (1 Corintios 3:17). Además: «¿Acaso no saben que su cuerpo es templo del Espíritu Santo, quien está en ustedes y al que han recibido de parte de Dios?» (1 Corintios 6:19). Esta es otra manera de declarar que el Espíritu Santo es Dios. Pablo también dijo: «Ahora bien, el Señor es el Espíritu» (2 Corintios 3:17).

Por lo tanto, debemos hablar de la deidad del Espíritu Santo —de que Él es Dios— porque lo es. No sentimos la necesidad de hablar de la deidad del Padre, ¿o sí? Parecería redundante. ¡Y aun así algunas veces pienso que me gustaría predicar sobre la divinidad de Dios! El miembro de la Trinidad más descuidado en estos días es Dios el Padre. Hay más libros escritos por autores cristianos sobre Jesús y el Espíritu Santo que sobre Dios Padre.

Dicho lo cual, jamás subestime o dé por sentada la deidad del Espíritu Santo. El Espíritu Santo que está en usted es Dios en usted. Usted puede *adorar* al Espíritu Santo; usted puede *orar* al Espíritu Santo; usted puede *cantar* al Espíritu Santo. Y aun así hay algunos cristianos sinceros que no sienten la libertad de orar o de cantarle al Espíritu Santo. Esto es a causa de una traducción defectuosa de Juan 16:13, lo cual examinaré adelante. Tales cristianos bien intencionados no tienen problemas con cantar los primeros dos versos de un conocido coro que habla de glorificar al Padre y al Hijo, pero cuando llega el momento de glorificar al Espíritu, ¡algunos temen continuar cantando! ¡Como si el Espíritu no quisiera ser adorado o venerado! ¡O como si el Padre y el Hijo no quisieran que lo hiciéramos!

Estos cristianos se sienten incómodos de cantar sobre adorar y venerar al Espíritu porque la versión Reina-Valera Antigua tradujo Juan 16:13 —en referencia al Espíritu Santo— como: «Porque no hablará de sí mismo», un versículo que debería haber sido traducido como: «Porque no hablará *por su propia cuenta*», como muestro más adelante en este libro. No obstante, yo de hecho me identifico con estas personas. Sé por lo que están pasando. Yo solía tener el mismo problema hasta que vi lo que el griego decía literalmente. Y aún así los himnarios tradicionales durante muchos años han incluido, sin vergüenza alguna, himnos con letra como: «Espíritu Santo, Verdad divina, amanece sobre esta alma mía»,[1] «Espíritu Santo, disipa nuestra tristeza»,[2] «Señor Dios, el Espíritu Santo, en esta hora aceptado, como en el día de Pentecostés, desciende con todo tu poder»[3] o «Espíritu de Dios, desciende sobre mi corazón».[4] Me encantan las palabras del siguiente himno:

> Te adoro, Oh Espíritu Santo,
> Me encanta adorarte;
> Mi resucitado Señor, porque estaríamos perdidos
> Sin tu compañía.

> Te adoro, Oh Espíritu Santo,
> Me encanta adorarte;
> Contigo cada día es Pentecostés,
> Cada noche Navidad.[5]

Uno no podría dirigirse al Espíritu Santo de esa manera si no fuera Dios. No tenga miedo de hablarle directamente al Espíritu Santo. O de cantarle. No hay celos ni rivalidad en la Trinidad: el Padre, Hijo y Espíritu Santo. El Padre está feliz y el Hijo está feliz cuando usted se dirige al Espíritu Santo en oración. Después de todo, el Espíritu de Dios es Dios el Espíritu. ¡Lo que es más, la Trinidad no es Dios el Padre, Dios el Hijo y Dios la Santa Biblia! Que esto se apodere de usted.

Jamás lo olvide: el Espíritu Santo es Dios. Por lo tanto, piense en esto: usted puede ser *lleno de Dios*. Quiero ser apasionado por Dios. Considere todos los atributos de Dios. «Los cielos cuentan la gloria de Dios, el firmamento proclama la obra de sus manos» (Salmos 19:1). Cuando contemplo tus cielos, obra de tus dedos, la luna y las estrellas que allí fijaste, me pregunto: "¿Qué es el hombre, para que en él pienses? ¿Qué es el ser humano, para que lo tomes en cuenta?" (Salmos 8:3-4). Medite en esto: ¡Dios su Creador y Redentor está en usted! Usted puede ser lleno de Él. Y esto sucede porque usted puede ser lleno del Espíritu Santo, que es Dios.

Para mayor estudio: Hechos 5:1-13; 1 Corintios 3:16-17; 1 Corintios 6:19-20; 2 Corintios 3:12-18

*Ven, Espíritu Santo, ven. Ven como viento. Ven como fuego. Que seamos llenos, facultados y limpiados. En el nombre de Jesús, amén.*

_____

_____

_____

_____

_____

_____

# EL ESPÍRITU SANTO
# ES UNA PERSONA

L A SEGUNDA VERDAD más importante acerca del Espíritu Santo es que Él es una *persona* de la Trinidad. Jesús nos dijo que nos bautizáramos en «el nombre del Padre y del Hijo y del Espíritu Santo» (Mateo 28:19). Pablo cerró una de sus cartas con esta bendición: «Que la gracia del Señor Jesucristo, el amor de Dios y la comunión del Espíritu Santo sean con todos ustedes» (2 Corintios 13:14). Pedro comenzó su primera carta con las palabras «según la previsión de Dios el Padre, mediante la obra santificadora del Espíritu, para obedecer a Jesucristo y ser redimidos por su sangre» (1 Pedro 1:2).

A principios del segundo siglo, Tertuliano (c. 160–c. 225) acuñó una frase en latín: *trinitas*, de donde obtenemos la palabra *trinidad*. También se refirió al Padre, Hijo y Espíritu Santo como *personas*; por lo que la iglesia se refirió así a las personas de la Deidad. La doctrina de la Trinidad ha sido la enseñanza ortodoxa de la iglesia cristiana durante dos mil años. ¡No trate de entender esta enseñanza! Solo créala. No trate de entender la electricidad; solamente úsela. La Trinidad nos es dada no para entenderla plenamente, sino para creerla plenamente.

Por lo tanto, *Trinidad* es una palabra que no trata de explicar, sino meramente identificar las personas de la Deidad. Dicho lo cual, el Padre y el Hijo son vistos como «Él». También el

Espíritu Santo debe ser entendido como «Él». Es triste que la versión King James de la Biblia en inglés se refiera al Espíritu Santo como «eso» en Romanos 8:26: «el Espíritu (eso) mismo»*. Las versiones modernas lo han corregido traduciendo el griego «el Espíritu mismo».

Jesús se refirió al Espíritu Santo como «él» (Juan 14:16; 16:8) y lo presenta como *allon parakletos*; siendo la traducción literal del griego «otro [*allon*] que viene a su lado [*parakletos*]». Es imposible traducir *parakletos* con una sola palabra, aunque ha sido traducido de diferentes maneras como «consolador», «defensor», «abogado» o «ayudador». Todos estos *conceptos* describen exactamente lo que Jesús era; Él era la persona que había venido a un lado de los doce por unos tres años. Los discípulos conocían a Jesús en un nivel natural. Sabían como era; conocían el color de sus ojos, el sonido de su voz. Había sido físicamente real para ellos durante esos tres años; lo vieron, lo escucharon y lo tocaron (1 Juan 1:1). Jesús era una persona real.

Aunque invisible para nosotros, el Espíritu Santo igualmente es una persona real.

Por lo tanto, jamás piense en el Espíritu Santo como un «eso», una «actitud» o una «influencia». Él es una *persona* y tiene maneras bastante definidas. Llámele a esas maneras peculiares, excéntricas o únicas, si así lo quiere, pero Él tiene sus maneras. Quizá no le gusten sus *maneras*. Pero, ¡acéptelo y siga adelante! ¡Él es el único Espíritu Santo que usted tiene! Él no se va a ajustar a usted; usted tiene que ajustarse a Él.

El Espíritu Santo mismo habló del antiguo Israel que no conocía los «caminos» de Dios (Hebreos 3:7-10)**. Dios fue agraviado porque su propio pueblo de su pacto no conoció sus caminos. Deberían haberlos conocido. Pero no los conocieron. Dios tiene sus propios «caminos» y quiere que nosotros los conozcamos. Y así también es con respecto a la persona del

---

* Traducción del inglés
** Nota: en inglés maneras y caminos es la misma palabra *ways*

Espíritu Santo. Quiere que conozcamos sus caminos. Como veremos más adelante, el Espíritu puede ser agraviado, puede ser apagado y puede ser blasfemado.

El Espíritu Santo también puede tener *gozo*. En Romanos 14:17 Pablo habló acerca de la «alegría *en* el Espíritu Santo» (énfasis añadido), aunque también se refirió al «*gozo del* Espíritu Santo» en 1 Tesalonicenses 1:6 (RVR 1960, énfasis añadido). Es su propio gozo. Esta alegría no es necesariamente lo que *nosotros* sentimos; es lo que *Él* siente. Y no obstante, ¡algunas veces nos invita a sentir lo que Él siente! En Hechos 2:28, es llamada «alegría». Eso fue exactamente lo que experimenté hace unos años conduciendo mi coche; un evento al que volveré más adelante.

Por lo tanto, necesitamos aprender la diferencia entre sentirnos felices a causa de las circunstancias y sentir el mismo «gozo del Señor» (Nehemías 8:10). Ciertamente no hay nada mal con que nos sintamos felices de que las cosas nos están saliendo bien. De hecho, hubo «gran gozo en aquella ciudad» cuando muchos de los que habían sido paralíticos fueron sanados (Hechos 8:7-8, RVR 1960). Las buenas noticias de que los gentiles se estaban convirtiendo «llenaron de alegría» a los discípulos (Hechos 15:3). Pero el más alto nivel de gozo en este planeta es cuando se nos permite experimentar el mismo gozo *del* Espíritu: sentir lo que Él siente. Pedro señaló que sus lectores no habían visto a Jesús mismo, pero que no obstante lo experimentaban. «Ustedes lo aman a pesar de no haberlo visto; y aunque no lo ven ahora, creen en él y se alegran con un gozo indescriptible y glorioso» (1 Pedro 1:8). Porque cuando la persona del Espíritu Santo nos permite sentir su gozo, es verdaderamente «indescriptible».

Para mayor estudio: Nehemías 8:10; Juan 14:16-21; 1 Corintios 12:4-6; Efesios 4:4-6; Hebreos 3:7-11; Judas 1:20-21

> *Espíritu Santo, te doy la bienvenida de nuevo en mi cora-*
> *zón. Déjame experimentar tu persona y tu gozo en una*
> *medida siempre creciente. En el nombre de Jesús, amén.*

# EL ESPÍRITU SANTO
# ES ETERNO

«¿QUIÉN HIZO A Dios?», es la pregunta que no podemos evitar hacer. Recuerdo haberle hecho esta pregunta a mi madre cuando era niño. Y no me gustó su respuesta: «Nadie hizo a Dios; Él siempre ha sido». La respuesta por la que no nos gusta la respuesta es que preferimos pensar lógicamente. La lógica a menudo busca remover la necesidad de la fe. Lo que hace que la fe sea *fe* es que simplemente aceptamos que Dios siempre ha sido y que no tuvo principio. La fe es la garantía de lo que se espera, pero sin evidencia tangible (Hebreos 11:1). Básicamente hay dos cosmovisiones con respecto a la fe: (1) la perspectiva secular atea: «Lo creeré cuando lo vea», o ver para creer; y (2) la perspectiva bíblica: creerle a Dios sin ver la prueba. La Biblia no intenta probar la existencia de Dios. La Palabra de Dios comienza, simplemente: «Dios, en el principio, creó los cielos y la tierra» (Génesis 1:1).

Al igual que con la existencia eterna de Dios, yo decido creerle a la Biblia: la Palabra infalible de Dios. Sucede que yo creo totalmente que la Biblia es verdad. Esto es por el testimonio interno del Espíritu Santo. El Espíritu Santo me ha persuadido de que la Biblia es verdad. La Biblia dice que Dios es eterno: «El Dios sempiterno es tu refugio; por siempre te sostiene entre sus brazos» (Deuteronomio 33:27). El apóstol Juan tuvo una visión de las criaturas vivientes en el cielo que adoran a Dios día y noche:

> Santo, santo, santo es el Señor Dios Todopoderoso, el que era y que es y que ha de venir.
>
> —APOCALIPSIS 4:8

Y así el Espíritu Santo —como el Padre y el Hijo— es eterno. Esto significa que ninguna de las personas de la Trinidad tuvo un principio. Hay una sutil, pero importante, distinción entre lo eterno y lo perpetuo. *Eterno* significa que no tiene principio así como que no tiene final. Perpetuo significa sin fin. Por ejemplo, los ángeles son perpetuos, pero no son eternos; tuvieron un principio porque fueron creados. Tanto el Padre como el Hijo son eternos: sin principio, ni fin. La Palabra —Jesús— estaba con Dios en el principio (Juan 1:2). Pablo escribió: «Porque por medio de él fueron creadas todas las cosas en el cielo y en la tierra, visibles e invisibles, sean tronos, poderes, principados o autoridades: todo ha sido creado por medio de él y para él. Él es anterior a todas las cosas, que por medio de él forman un todo coherente» (Colosenses 1:16–17).

Al igual que el Padre y el Hijo, entonces, el Espíritu Santo no solamente es perpetuo sino también eterno; no tuvo principio; porque Él es Dios. «Si esto es así, ¡cuánto más la sangre de Cristo, quien por medio del *Espíritu eterno* se ofreció sin mancha a Dios, purificará nuestra conciencia de las obras que conducen a la muerte, a fin de que sirvamos al Dios viviente!» (Hebreos 9:14, énfasis añadido). El Padre, el Hijo, y el Espíritu existían en la eternidad antes de que Dios decidiera crear los cielos y la Tierra (Génesis 1:1). «Desde antes que nacieran los montes y que crearas la tierra y el mundo, desde los tiempos antiguos y hasta los tiempos postreros, tú eres Dios» (Salmos 90:2). Como declaré antes, Dios el Padre es eterno, y de igual modo lo es el Espíritu Santo. Cuando Pablo dijo que cuando se cumplió el plazo, Dios «envió a su Hijo» (Gálatas 4:4), es porque el Padre ya tenía un Hijo. Jesucristo es el Hijo eterno. El era la Palabra hasta el momento en que se volvió «carne» (Juan 1:14). Después de eso podría ser llamado el Dios-hombre. El Señor Jesucristo no comenzó en Belén, sino en su concepción en Nazaret en el momento en que la Palabra entró al vientre de la virgen María.

El Espíritu Santo es igualmente eterno con el Padre y la Palabra. Este es el mismo Espíritu Santo que es mencionado muchas veces en el Antiguo Testamento; de hecho, es la misma persona eterna de la que Jesús habló y que les presentó a sus discípulos: no es para decir que los doce comprendieron que el Espíritu Santo es eterno desde que se les presentó por primera vez. De igual forma, mucho de lo que Jesús enseñó no fue comprendido durante un buen rato. ¡Ellos ni siquiera sabían —en ese entonces— que Jesús era eterno! Esta fue una verdad que subieron a bordo poco a poco después de que Jesús ascendió al cielo.

Como lo veremos más adelante, Jesús dijo que el Espíritu Santo habló a través de David en Salmos 110:1 (Mateo 22:43). Fue el testimonio de la primera iglesia que Dios habló «por medio del Espíritu Santo [...] en labios de nuestro padre David, tu siervo» (Hechos 4:25). En realidad, el Espíritu Santo participó en la Creación y fue el Autor de toda la Escritura.

En resumen: el Espíritu Santo es eterno al igual que el Padre y el Hijo.

Para mayor estudio: Génesis 1:1-3; Salmos 90; 139; Juan 1:1-14;
1 Corintios 2:10-16

*Espíritu eterno, para mí es un gran honor saber que vives
en mí. Pensar que siempre has sido y que siempre serás me
abruma. Te adoro y te pido que gobiernes toda mi vida.
En el nombre de Jesús, amén.*

_____

_____

_____

_____

_____

_____

_____

_____

_____

_____

_____

_____

_____

# EL ESPÍRITU SANTO PARTICIPÓ EN LA CREACIÓN

CUANDO FUI ORDENADO al ministerio en Ashland, Kentucky, en 1964, fui cuestionado públicamente por uno de mis antiguos mentores, el Dr. N. B. Magruder. Quería que le demostrara a la congregación que era digno de ser ordenado, así que me hizo algunas preguntas teológicas. No tenía idea de lo que se avecinaba. Una de las preguntas se refería al atributo de eternidad del Espíritu Santo. El Dr. Magruder me pidió que explicara al Espíritu Santo en el Antiguo Testamento. Yo no estaba preparado para esa pregunta. No obstante, comencé refiriéndome al papel del Espíritu Santo en la Creación, después de lo cual hablé de todo lo que pude pensar con respecto a este tema. Apenas y salí bien librado, pero ese evento me llevó a pensar a mayor profundidad con respecto a la enseñanza del Espíritu Santo en el Antiguo Testamento.

Como veremos más adelante, hay muchas referencias al Espíritu Santo en el Antiguo Testamento, algunas de las que expondré conforme vayamos avanzando en este libro. Él estuvo, de hecho, presente y activo todo el tiempo; ¡desde la Creación en adelante! Por ejemplo, Faraón discernió que el Espíritu de Dios estaba en José (Génesis 41:38). Bezalel fue «llenado del Espíritu de Dios» (Éxodo 31:3). El «Espíritu del Señor» vino sobre Otoniel (Jueces 3:9-10), Gedeón (Jueces 6:34), Jefté

(Jueces 11:29), Saúl (1 Samuel 10:10), y David (1 Samuel 16:13). El Espíritu Santo estaba detrás del ministerio de Elías (1 Reyes 18:12; 2 Reyes 2:16). El Espíritu de Dios vino sobre Azarías (2 Crónicas 15:1) y Zacarías (2 Crónicas 24:20). Las referencias al Espíritu Santo se repiten una y otra vez. Una de las mayores es esta: «No será por la fuerza ni por ningún poder, sino por mi Espíritu —dice el Señor Todopoderoso—» (Zacarías 4:6).

Pero de vuelta a la Creación: Dios el Padre fue el agente primario en iniciar el acto de la Creación. No obstante, el Hijo y el Espíritu Santo también estaban activos. El Hijo a menudo es descrito como Aquel «por medio» del cual la Creación fue hecha. «Por medio de él todas las cosas fueron creadas; sin él, nada de lo creado llegó a existir» (Juan 1:3). Pablo dijo que hay un «un solo Señor, es decir, Jesucristo, por quien todo existe y por medio del cual vivimos» (1 Corintios 8:6). La Biblia dice que «por medio de él [el Hijo] [Dios] hizo el universo» (Hebreos 1:2). En la misma manera el Espíritu Santo estaba obrando en la Creación. El Espíritu Santo es generalmente descrito como completando, llenando y dando vida a la Creación de Dios.

«Y el Espíritu de Dios iba y venía sobre la superficie de las aguas» (Génesis 1:2), indicando una función perseverante, sustentadora y gobernante. «El Espíritu de Dios me ha creado; me infunde vida el hálito del Todopoderoso» (Job 33:4). La palabra *Espíritu* en el Antiguo Testamento proviene a la palabra hebrea *ruach*, que quiere decir «viento», «aliento» o «espíritu». El viento de Dios —o aliento de Dios— podría ser una manera figurada de referirse a la actividad del Espíritu Santo en la Creación. Así que el salmista, al hablar de la gran actividad de las criaturas de la tierra y el mar dice: «Pero si envías tu Espíritu, son creados» (Salmos 104:30).

Como acabamos de ver, la segunda persona de la Trinidad, es descrita como Creador. Pablo escribió: «Porque por medio de él fueron creadas todas las cosas en el cielo y en la tierra,

visibles e invisibles, sean tronos, poderes, principados o autoridades: todo ha sido creado por medio de él y para él. Él
es anterior a todas las cosas, que por medio de él forman un
todo coherente» (Colosenses 1:16-17). Algunas de estas líneas
podrían igualmente describir al Espíritu Santo; por ejemplo,
Él es anterior a todas las cosas. El punto es que no debemos
olvidar que el Espíritu Santo participó en la Creación, al igual
que Jesús.

Para mayor estudio: Génesis 1:1-3; Salmos 104:24-30; 136:5-9;
Apocalipsis 4:8-11

> *Glorioso Espíritu Santo, cuando considero que tuviste una*
> *parte en la Creación, ¡significa que también tuviste una*
> *parte al hacerme a mí! Y ahora, ¡vives en mí! Gracias por*
> *esta verdad. Hazme cada vez más agradecido contigo por*
> *ser mi Creador. En el nombre de Jesús, amén.*

## DÍA 5

# EL ESPÍRITU SANTO DA ADVERTENCIAS

E N LOS DÍAS de Noé, Dios dijo: «No contenderá mi espíritu con el hombre para siempre» (Génesis 6:3, RVR 1960). Crecí con la versión King James de la Biblia en inglés que dice: «No luchará mi espíritu con el hombre para siempre»*. La implicación es que hay un límite para la paciencia de Dios con la humanidad. En verdad es que Dios es «lento para la ira» (Éxodo 34:6). Pero cuando finalmente deja de advertirle a la gente pecadora y manifiesta su juicio, las consecuencias pueden ser bastante terribles.

Vívidamente recuerdo a los evangelistas que venían a mi antigua iglesia en Ashland, Kentucky, allá en las décadas de 1940 y 1950. Citaban frecuentemente este versículo del Antiguo Testamento —Génesis 6:3— cuando le advertían a la gente del juicio inminente de Dios. Himnos de invitación como «Almost Persuaded» [Casi persuadido] y «Pass Me Not, O Gentle Savior» [No pases de mí, oh, gentil Salvador» frecuentemente seguían a los sermones que le advertían a la gente del peligro de posponer ponerse a cuentas con Dios. Siempre se enfatizaba: «Les digo que éste es el momento propicio de Dios; ¡hoy es el día de salvación!» (2 Corintios 6:2). No hay promesa para un mañana. Quizá Dios le diga a la persona que piensa que tiene «muchos años» más: «¡Necio! Esta misma noche te

---

* Traducido directamente del inglés

van a reclamar la vida» (Lucas 12: 20). Esto les da una pista de mi trasfondo más temprano.

Es por la bondad de Dios que nos da advertencias. «Considera la bondad y la severidad de Dios», dijo Pablo (Romanos 11:22). Y aun así Dios da advertencias solamente cuando todavía hay esperanza. Una advertencia de este tipo es un ejemplo de su bondad. Jonás marchó a Nínive con la advertencia: «¡Dentro de cuarenta días Nínive será destruida!» (Jonás 3:4). No había promesa explícita de misericordia si se arrepentían, pero los ninivitas «le creyeron a Dios» y «proclamaron ayuno desde el mayor hasta el menor, se vistieron de luto en señal de arrepentimiento» (v. 5). La consecuencia de su arrepentimiento fue: «Al ver Dios lo que hicieron, es decir, que se habían convertido de su mal camino, cambió de parecer y no llevó a cabo la destrucción que les había anunciado» (v. 10).

Como dije, el mensaje de Jonás no le ofreció ninguna esperanza al pueblo de Nínive. Por todo lo que sé, esta ausencia de una promesa de misericordia podría ser lo que los sacudió por completo. Uno puede preguntar: ya que Jonás claramente dijo que Nínive *sería destruida* en cuarenta días —sin esperanza aparente— ¿cómo fue posible que Dios no cumpliera su Palabra, sino que tuviera misericordia de ellos? La respuesta es esta: Dios jamás advierte cuando no hay esperanza. Por ejemplo, no hay indicación de que Dios alguna vez le haya advertido a Sodoma y Gomorra por su iniquidad. En lugar de ello simplemente las castigó. ¡Así que si Dios envía una advertencia, recíbala con agradecimiento! Alégrese. Preste oído a la advertencia.

Cuando era un adolescente, un evangelista entrado en años que había venido de visita anunció: «Alguien aquí está recibiendo su última llamada». Se rehusó a cerrar el servicio y se lo entregó al pastor. El pastor se rehusó a terminar el servicio y se sentó. La gente lentamente se levantó de sus asientos y se fue a casa. Al día siguiente cuando terminé mi ruta para entregar periódicos (yo entregaba el *Ashland Daily Independent* a 110 casas de mi vecindario), mi madre me dijo: «¿Supiste de Sandy*?». «No —respondí— . ¿Qué quieres decir?». Unos momentos antes, una de mis amigas había muerto súbitamente cuando un coche fuera de control la atropelló cuando iba camino a casa de la escuela. Ella había estado en la congregación —burlándose del sermón del predicador— el día anterior cuando el evangelista dijo: «Alguien aquí está recibiendo su última oportunidad». El efecto de ese evento en mí fue incalculable.

«Por la misericordia de Jehová no hemos sido consumidos» (Lamentaciones 3:22, RVR 1960). En el inolvidable sermón de Jonathan Edwards, «Pecadores en la manos de un Dios airado» (8 de julio de 1741), dijo: «Es por la misma misericordia de Dios que no estás en el infierno en este momento».[1] Cuando terminó, la gente se estaba sosteniendo de las bancas de la iglesia —y también afuera sosteniéndose de los troncos de los árboles— para evitar caer en el infierno. Fue uno de esos momentos raros en los que Dios descendió con poder inusual. La misericordia de Dios a menudo es demostrada por su advertencia hacia nosotros. «Por eso, como dice el Espíritu Santo: "Si ustedes oyen hoy su voz, no endurezcan el corazón como sucedió en la rebelión, en aquel día de prueba en el desierto» (Hebreos 3:7-8). El resultado eventual fue que Dios juró en su ira: «Jamás entrarán en mi reposo» (v. 11).

La Biblia dice básicamente dos cosas acerca de Dios: Él es misericordioso y Él es justo. Con misericordioso quiere decir que no quiere castigarnos; con justo quiere decir que debe castigarnos. ¿Existe una manera a través de la que pueda ser misericordioso y justo al mismo tiempo? Sí. Envió a su Hijo al mundo a morir en una cruz; y castigó a Jesús por *nuestros* pecados. Esa fue su justicia. De esta manera no tiene que castigar a los que confían en la sangre de Jesús para salvación. Esa es misericordia.

---

* No es su verdadero nombre.

¿Sabe con seguridad que si muriera hoy iría al cielo? Transfiera su confianza de sus buenas obras a la muerte de Jesús en la cruz, y será salvo. Pero no espere. «No contenderá mi espíritu con el hombre para siempre». Qué benévolas son las advertencias del Espíritu Santo.

Para mayor estudio: Génesis 4:6-7; 18:25; Mateo 3:7-10; Lucas 12:13-21

*Oh, bondadoso Espíritu Santo, gracias por tus advertencias. Sé que nos adviertes porque somos amados. Concédenos gracia para despertar antes de que sea demasiado tarde. En el nombre de Jesús, amén.*

# EL ESPÍRITU SANTO
# VINDICA

MI HISTORIA FAVORITA del Antiguo Testamento es la de José. Se le dieron sueños que indicaban que sus once hermanos un día se inclinarían ante él. ¡Su error fue contarle los sueños a sus hermanos! Decidieron matarlo, pero cambiaron de opinión y vendieron a José a los ismaelitas; no esperaban volver a verlo jamás. Pero Dios estaba con José. Fue vendido a un funcionario egipcio llamado Potifar y ganó su favor. Durante este tiempo se rehusó a los coqueteos de la esposa de Potifar, así que ella lo acusó de tratar de violarla. Fue puesto en prisión. Mientras estaba allí interpretó el sueño del copero del faraón. Años después faraón tuvo un sueño que nadie podía interpretar. El copero recordó a José, quien fue instantáneamente liberado de prisión con el fin de interpretar el sueño de faraón. Cuando faraón escuchó la interpretación dijo: «¿Podremos encontrar una persona así, en quien repose el espíritu de Dios?» (Génesis 41:38) siendo está una de las mejores referencias al Espíritu Santo en el Antiguo Testamento. José por la ayuda del Espíritu Santo interpretó el sueño de faraón, y los mismo sueños de José pronto se cumplieron. José fue hecho primer ministro de Egipto. Poco tiempo después fue que sus once hermanos vinieron a comprar alimentos a Egipto y tuvieron que ir con el primer ministro e inclinarse ante él, sin tener idea de que era su hermano. Fue entonces que los sueños de José se cumplieron a la perfección. El Espíritu Santo le trajo vindicación a José.

Uno podría decir que *José* fue vindicado o que la *verdad de sus sueños* fue vindicada. Con respecto a la vindicación —que se pruebe que uno tenía razón, especialmente cuando fue mal entendido o falsamente acusado— recuerde dos cosas. Primero, Dios solamente vindica la honestidad y la integridad y a los que están del lado de la verdad y la justicia. Por lo tanto, las personas acusadas falsamente o mal entendidas merecen vindicación solamente cuando la verdad y la justicia están de su lado. Así que si usted merece vindicación, usted la obtendrá; tarde o temprano. El salmista escribió: «Deléitate en el Señor, y él te concederá los deseos de tu corazón. Encomienda al Señor tu camino; confía en él, y él actuará. Hará que tu justicia resplandezca como el alba; tu justa causa, como el sol de mediodía» (Salmos 37:4-6). Segundo, la vindicación es lo que Dios hace mejor. No lo prive de hacer aquello en lo que es experto. No se meta en su territorio. Si usted se entromete, solamente retrasará el proceso. Pero si le deja los asuntos a Dios, para que ponga orden y provea, Él lo vindicará en una manera en la que jamás soñó que fuera posible. Pero si la verdad no está en riesgo, no espere una vindicación.

«Mía es la venganza; yo pagaré», dice el Señor (Deuteronomio 32:35; Romanos 12:19). Esta es la prerrogativa del Espíritu Santo. ¡Pero quizá no lo haga hoy o mañana! José esperó unos veintidós años antes de que sus sueños fueran vindicados. En mi libro *Perdón total* señalo que la vindicación de José fue retrasada hasta que *hizo cuentas consigo mismo* y perdonó totalmente a sus hermanos por lo que le hicieron.

¿Está usted esperando la vindicación? Me identifico con usted. Sé lo que es ser acusado falsamente, hecho a un lado, mal entendido y calumniado. Yo recibí esto de mi propia familia: de un padre y una abuela piadosos. Eran tan sinceros como podían ser. Ellos sintieron que yo había roto con Dios.

Esperé un largo, largo tiempo antes de que mi papá me dijera: «Hijo, estoy orgulloso de ti. Tú estabas bien; yo estaba mal». Con respecto a mi abuela, ella se fue al cielo plenamente convencida de que yo había errado el blanco. En el cielo la verdad será vindicada. No es personal. Parece personal cuando somos acusados falsamente. Duele. Pero si lo que estamos defendiendo es la *verdad*, puede contar con esto: ¡Dios se va a involucrar! Es probable que tome tiempo. Podría ser que *necesitemos* hacer unos ajustes mientras esperamos. ¿Necesita usted hacer ajustes? ¿Necesita perdonar a alguien que haya sido ofensivo? José tenía muchas cosas que arreglar antes de que se le pudiera confiar la grandeza.

Usted incluso podría obtener vindicación de alguien cuya opinión a usted no le importa. No creo que la vindicación y exaltación de José por parte de faraón significó mucho para José. El corazón de José estaba en Canaán, donde vivían sus hermanos. Ser vindicado delante de ellos era más importante que ser hecho primer ministro de Egipto. Y posiblemente esa sea otra razón por la que a José se le podía confiar una posición tan alta; ¡no le importaba tanto!

Cuando se trate de limpiar su nombre, ¡deje que el Espíritu Santo lo haga! Él lo hace mejor. Lo hará en una manera deslumbrante; en una manera en la que usted jamás hubiera soñado. Pero no apresure al Espíritu Santo. Permítale hacer su propia obra a su tiempo, y usted estará muy feliz de no haber interferido.

Para mayor estudio: Génesis 41:16; Mateo 23:12; 1 Corintios 4:4-5; 1 Pedro 5:6-10

*Espíritu Santo, por favor perdóname por mi impaciencia en tratar de ser vindicado. Lo siento mucho. Te lo entrego todo a ti, sabiendo que tú revelarás la verdad en tu propio tiempo. En el nombre de Jesús, amén.*

_____

_____

_____

_____

_____

_____

_____

_____

_____

_____

_____

_____

_____

_____

_____

_____

_____

# EL ESPÍRITU SANTO
# DA TALENTO

AHORA NOS EMBARCAMOS en una enseñanza llamada «gracia común»: La bondad de Dios con todos sin importar si son salvos o están perdidos. Dios hace que el sol brille y que la lluvia caiga sobre justos e injustos (Mateo 5:45). Es la *gracia especial de Dios en la naturaleza*. La llamamos «común» no porque sea ordinaria, sino porque se le da de manera común a todas las personas: salvos, perdidos, jóvenes, viejos, estadounidenses, británicos, indios, chinos, ricos, pobres, morenos, asiáticos, negros o blancos. Cuando me refiero a la gracia especial en la naturaleza, me refiero a la habilidad, al talento, a la inteligencia o don *natural* que uno tiene. El Espíritu de Dios es la explicación. Aunque es nuestra habilidad o talento «natural» en acción, no obstante es el Espíritu de Dios quien es responsable por nuestro CI (coeficiente intelectual); nuestra habilidad para tocar un instrumento, practicar medicina u operar un camión; y sin importar si somos intelectuales, atléticamente dotados, capaces de trabajar con una computadora o de enseñar. Tales personas, como he dicho, pueden ser salvas o no. No tengo idea de si Sergei Rachmaninoff era cristiano, pero me encanta escuchar su música. Albert Einstein tuvo una de las más grandes mentes del siglo veinte, pero no hay evidencia de que haya sido cristiano. Algunas veces, personas altamente talentosas se vuelven cristianas —como San Agustín, Juan Calvino o Jonathan Edwards— y la iglesia es mucho mejor por ello. Pero la mayoría de nosotros somos ordinarios (1 Corintios 1:26). La enseñanza de la gracia común emerge temprano en el Antiguo Testamento. Un hombre llamado Bezalel fue dotado con una habilidad especial. Tenía que ver con «sabiduría, inteligencia y capacidad creativa para hacer trabajos artísticos en oro, plata y bronce, para cortar y engastar piedras preciosas, para hacer tallados en madera y para realizar toda clase de artesanías» (Éxodo 31:3-5). ¿De dónde provino este talento? «El Señor habló con Moisés y le dijo: "Toma en cuenta que he escogido a Bezalel, hijo de Uri y nieto de Jur, de la tribu de Judá, y *lo he llenado del Espíritu de Dios*, de sabiduría, inteligencia y capacidad creativa» (vv. 1-3, énfasis añadido).

¿Alguna vez ha escuchado de Jubal? «... Jubal, quien fue el antepasado de los que tocan el arpa y la flauta» (Génesis 4:21). ¿Qué sabe usted de Tubal Caín? «... Tubal Caín, que fue herrero y forjador de toda clase de herramientas de bronce y de hierro» (v. 22). Estos son talentos que tienen su origen en el Espíritu de Dios.

Cuando Salomón comenzó a construir el templo, recurrió a Hiram y le dijo: «Ahora, pues, ordena que se talen para mí cedros del Líbano [...] Tú sabes que no hay entre nosotros quien sepa talar madera tan bien como los sidonios» (1 Reyes 5:6). «Los obreros de Salomón e Hiram, junto con los que habían llegado de Guebal, tallaron la madera y labraron la piedra para la construcción del templo» (v. 18). En otras palabras, con el fin de construir el templo, Salomón recurrió a alguien fuera de Israel para que realizará un poco del trabajo. Él seguramente estaba agradecido de que hay personas en el mundo con dones y talentos particulares. La explicación: el Espíritu de Dios.

La gracia común es lo que evita que el mundo se ponga de cabeza. Gracias a Dios por los semáforos, los hospitales, los bomberos, los policías, los doctores y las enfermeras.

Usted tiene un talento que Dios le dio. No es necesariamente porque usted sea cristiano. Usted recibió este talento de sus padres y las influencias de su ambiente, sus relaciones con sus compañeros y su educación. Gracias a Dios por estos. «¿Quién te distingue de los demás? ¿Qué tienes que no hayas recibido? Y si lo recibiste, ¿por qué presumes como si no te lo hubieran dado?» (1 Corintios 4:7). ¿Le ha agradecido a Dios por su bondad con usted en el nivel natural? ¿Sabía que un grupo de psicólogos probó que las personas agradecidas viven más tiempo?[1]

«Pero por la gracia de Dios soy lo que soy» (1 Corintios 15:10). Usted tiene al bendito Espíritu de Dios para agradecerle *todo lo bueno* en su vida. Algunas veces los dones espirituales se traslapan con lo que se podrían llamar dones de motivación. A la gente talentosa en la iglesia le son dadas posiciones y responsabilidades no necesariamente porque son más espirituales, sino simplemente porque son más capaces. Tal habilidad a menudo se deriva de la gracia común; ya sea para prestar un servicio, enseñar, animar o dirigir (Romanos 12:7-8). Dios usa la capacidad natural de uno en la iglesia para hacer avanzar su Reino. Charles Spurgeon solía decir que si Dios lo llama a predicar, le dará «un par de pulmones»; ¡especialmente en los días en los que no había sistemas de sonido![2]

Deberíamos orar que Dios levante más hombres y mujeres en la iglesia con gran talento natural. Es una lástima cuando personas capaces le ofrecen sus dones al mundo cuando, de hecho, provienen del Espíritu de Dios.

Para mayor estudio: Salmos 45:1-6; Mateo 5:43-45; 1 Corintios 4:6-7; Santiago 1:17

> *Bondadoso Espíritu Santo, ¡enséñame lo grande que es Dios! Gracias por todas las cosas que nos das porque amas tu creación: flores, alimentos, cambios de estaciones, personas que pones en nuestro camino, nuestras habilidades naturales y la gracia en nosotros que con tanta facilidad damos por sentada. En el nombre de Jesús, amén.*

# EL ESPÍRITU SANTO PREVALECE

MI FAMILIA Y yo nos mudamos a Oxford, Inglaterra, en 1973 con el fin de que obtuviera mi doctorado en filosofía. Tenía el corazón puesto en escribir una tesis sobre la teología del puritano John Owen (1616-1683). En una ocasión de gran relevancia mis supervisores, el Dr. B. R. White y el Dr. J. I. Packer comieron conmigo para darme las noticias que yo no quería escuchar. «¿Le dices tú o le digo yo?», le dijo el Dr. White al Dr. Packer. Me presentaron el veredicto de que debería «reducir mis malas probabilidades»; que debería renunciar a mis planes de hacer una tesis sobre John Owen y tomar una línea distinta. Mis supervisores habían denegado mis planes. Estaba devastado. Llegué a casa con una jaqueca de migraña. Pero, de hecho, su consejo fue lo mejor que me sucedió en Oxford. Con el tiempo llegué a verlo como que Dios benignamente denegó mis planes.

Denegar significa no conceder por medio de ejercer la autoridad superior de uno. ¿Ha vivido lo suficiente para apreciar que Dios rechace los planes de su vida? La primera vez en que está escrito que el Espíritu de Dios denegara las intenciones de alguien en la vida de Israel fue cuando el falso profeta Balán trató de profetizar contra Israel. Balac, rey de Moab, le pidió a Balán que maldijera a Israel porque «quien tú bendices, queda bendito, y a quien tú maldices, queda maldito» (Números

22:6). Pero cuando Balán intentó profetizar, «el Espíritu del Señor vino sobre él» y pronunció una profecía que bendijo a Israel de manera positiva (Números 24:2-9). ¡Imagínese! El Espíritu de Dios prevaleció y gobernó sobre las intenciones de un falso profeta. Durante generaciones este evento sería recordado con un gran cariño por Israel. Moisés señaló que Balac, el enemigo de Israel, contrató a Balán para maldecir a Israel, «Sin embargo, por el amor que el Señor tu Dios siente por ti, no quiso el Señor escuchar a Balán, y cambió la maldición en bendición» (Deuteronomio 23:5; vea también Josué 24:10; Nehemías 13:2).

La historia de Israel está repleta de instancias en las que Dios ejerció esta autoridad en la vida de Israel porque amaba a Israel. Dios canceló los planes de faraón de mantener a los israelitas en cautiverio. Envió plagas a Egipto y permitió que los israelitas cruzaran el mar Rojo, y luego destruyó a los egipcios que trataron nuevamente de derrotar a Israel (Éxodo 14:29-31). Dios denegó los planes de Senaquerib de destruir a Israel cuando envió a un ángel a ejecutar a 185,000 hombres (2 Reyes 19:35).

La historia de Israel también está llena de relatos cuando Dios prevaleció por causa de siervos individuales. Cuando Coré desafió la autoridad de Moisés, Dios intervino y destruyó a Coré y a sus seguidores rebeldes (Números 16:31-35). El rey Nabucodonosor estaba determinado a aniquilar a Sadrac, Mesac y Abednego, a través de echarlos en un horno de fuego ardiente. Dios prevaleció. El Hijo de Dios se unió a estos tres hombres; lo cual sorprendió al rey cuando vio a *cuatro* hombres caminando en el horno en llamas. El fuego no los dañó, «ni uno solo de sus cabellos se había chamuscado» (Daniel 3:27). Después de que los administradores del rey Darío fueron motivados por celos contra Daniel. Manipularon al rey para que firmara un decreto que puso a Daniel en el foso de los leones. Dios prevaleció y «les cerró la boca a los leones» (Daniel 6:22).

El sumo sacerdote arrestó a los apóstoles de Jesús y los puso en la cárcel pública. Pero Dios prevaleció. «Pero en la noche un ángel del Señor abrió las puertas de la cárcel y los sacó» (Hechos 5:19). Pedro estaba extremadamente prejuiciado contra los gentiles. Con mucha piedad le dijo a Dios: «Jamás he comido nada impuro o inmundo». Dios dijo: «Lo que Dios ha purificado, tú no lo llames impuro» (Hechos 10:14-15). Dios prevaleció. Pedro aprendió una lección: «Ahora comprendo que en realidad para Dios no hay favoritismos» (v. 34).

Si no fuera por la gracia de Dios que prevalece, ninguno de nosotros sería preservado, se le enseñarían nuevas lecciones; o incluso sería salvo. Saulo de Tarso iba camino a matar cristianos en Damasco. Dios cambió sus planes. De pronto, una luz del cielo brilló a su alrededor, y él cayó al suelo. El resultado fue que oró: «¿Qué debo hacer, Señor?» (Hechos 22:6-10). Pablo le escribió a los efesios, señalando que «en ese tiempo también todos nosotros vivíamos como ellos, impulsados por nuestros deseos pecaminosos, siguiendo nuestra propia voluntad y nuestros propósitos. Como los demás, éramos por naturaleza objeto de la ira de Dios. *Pero Dios*, que es rico en misericordia [...] nos dio vida con Cristo [...] nos resucitó...» (Efesios 2:3-6, énfasis añadido). Pero Dios.

El bondadoso Espíritu Santo prevalece en nuestra vida todo el tiempo. Yo predigo que cuando lleguemos al cielo le pediremos a Dios que nos deje ver incontables DVD de cómo los ángeles intervinieron y prevalecieron en nuestra vida; cuando no estábamos conscientes de lo que estaba pasando. Gracias a Dios por la gracia del Espíritu Santo que prevalece.

Para mayor estudio: Salmos 124; Daniel 6:3-24; Hechos 9:1-15; Efesios 2:1-9

> *Bendito Espíritu Santo, gracias por las maneras en que has prevalecido una y otra vez en mi vida. Me sonrojo de pensar en ello. Simplemente me hace estar agradecido por tus excesivas benignidades. En el nombre de Jesús, amén.*

# EL ESPÍRITU SANTO TRANSFIERE UNCIÓN

MUCHAS VECES DIJE que preferiría tener una mayor unción que cualquier otra cosa. Suponía que era una petición que honraba a Dios, pero ahora no estoy tan seguro. Lo deseo tanto que no puedo decir si este deseo es natural o espiritual. La unción es el poder del Espíritu Santo que hace que nuestro don funcione con facilidad. Cuando vivo dentro de mi unción, mi don obra sin esfuerzo, pero en el momento en que camino fuera de mi unción, me encuentro luchando.

Dios no quiere que luchemos. Él quiere que echemos nuestra ansiedad sobre Él (1 Pedro 5:7). Por lo menos dos veces en su vida ministerial Moisés luchó. Primero, estaba abrumado por la gente que venía en multitud a él para obtener su veredicto sobre asuntos civiles entre los hijos de Israel. Cuando su suegro vio cómo procedía Moisés con el pueblo, le dijo: «¡Pero qué es lo que haces con esta gente! ¿Cómo es que sólo tú te sientas, mientras todo este pueblo se queda de pie ante ti desde la mañana hasta la noche? [...] No está bien lo que estás haciendo —le respondió su suegro— , pues te cansas tú y se cansa la gente que te acompaña. La tarea es demasiado pesada para ti; no la puedes desempeñar tú solo» (Éxodo 18:14-18). Jetro entonces le sugirió a Moisés que le delegara autoridad a otros —que designara hombres capaces como jefes de mil, de cien, de cincuenta y diez personas— permitiéndoles que manejaran los casos sencillos y que Moisés manejara los más difíciles (vv. 19-26).

La segunda ocasión fue cuando el pueblo se quejó acerca de la comida; languideciendo por lo que comían en Egipto y lamentándose por que ahora «¡no vemos nada que no sea este maná!» (Números 11:6). Moisés trajo esto al Señor y le dijo que no podría resistir la carga de su queja constante. Moisés entonces fue instruido para seleccionar a setenta ancianos. Dios le aseguró a Moisés que aligeraría su carga: «Yo descenderé para hablar contigo, y compartiré con ellos [los setenta] el Espíritu que está sobre ti, para que te ayuden a llevar la carga que te significa este pueblo. Así no tendrás que llevarla tú solo» (v. 17). Después de eso, el Señor descendió en una nube y habló con Moisés. Dios «compartió con los setenta ancianos el Espíritu que estaba sobre él. Cuando el Espíritu descansó sobre ellos, se pusieron a profetizar. Pero esto no volvió a repetirse» (v. 25). No obstante, dos de ellos que habían permanecido en el campamento profetizaron, y Josué estaba molesto. «¡Moisés, señor mío, detenlos! Pero Moisés le respondió: —¿Estás celoso por mí? ¡Cómo quisiera que todo el pueblo del Señor profetizara, y que el Señor pusiera su Espíritu en todos ellos!» (vv. 28-29).

¿Por qué Moisés querría que todos profetizaran y que todos tuvieran el Espíritu en ellos? ¡Porque cuando una persona está en liderazgo y ve a la gente batallar con padecimientos, se da cuenta de que necesita toda la ayuda que pueda obtener! Josué todavía no había heredado el manto de Moisés y equivocadamente asumió que Moisés quería ser la cabeza y el centro de todo. Qué equivocado estaba Josué. La transferencia de unción a otros aligera la carga del que está sobre todos. Cuando toda la gente tenga el Espíritu en ellos, significará que la obra de Dios funciona con facilidad; y sin ningún espíritu rival en control.

Aprendemos de esto cómo Dios puede tomar de nuestra unción y pasársela a otros. No se nos dice que Moisés le haya impuesto manos a los setenta ancianos. Da la impresión de que Dios meramente lo hizo Él mismo; tomando de la unción de Moisés y pasándola sin que Moisés perdiera ninguna medida del Espíritu en el proceso. Esto es lo maravilloso acerca del ministerio cristiano; lo que damos lo retenemos.

Nada puede ser más emocionante que Dios tome del ministerio de uno y lo pase a los demás. He anhelado el día en que no solamente mi unción cambie vidas e incremente su medida del Espíritu Santo, sino también que incluso sane el cuerpo de la gente bajo mi predicación. Pero si queremos guardarnos el Espíritu Santo para nosotros mismos es poco probable que Dios nos use mucho.

También aprendemos de este relato que Dios no quiere que llevemos una carga pesada. Él sabe cuánto podemos llevar e intervendrá: nunca demasiado tarde, jamás demasiado temprano, pero siempre justo a tiempo.

Para mayor estudio: Éxodo 18:9-26; Números 11:4-30; 1 Corintios 14:1-6; Apocalipsis 10:8-11

*Soberano Espíritu de Dios, te pido que me concedas una unción cada vez más creciente y que pueda ser transferida a muchas personas por tu honor y gloria. En el nombre de Jesús, amén.*

_____

_____

_____

_____

_____

# EL ESPÍRITU SANTO FACULTA
# PARA EL LIDERAZGO

UNA DE LAS preguntas que le haré al Señor cuando llegue al cielo es: «¿Por qué no levantaste un sucesor para Josué? Hiciste a Josué sucesor de Moisés, pero no le proveíste sucesor a Josué». Es un misterio. Por la razón que sea, Josué no fue sucedido por un hombre, sino por jueces, o líderes, algunas veces llamados libertadores, durante el tiempo entre Josué y Samuel. Cuatro de estos hombres tienen en común que el «Espíritu del Señor vino sobre él» (Otoniel, Jueces 3:10; Gedeón, Jueces 6:34; Jefté, Jueces 11:29; y Sansón, Jueces 14:6, 19, 15:14). Sabemos poco de Otoniel, pero sabemos que en el caso de los otros tres, cada uno era caracterizado por una debilidad evidente. Gedeón probablemente fue el mejor de los tres, pero su estatura disminuyó cuando hacia el fin de su vida solicitó que la gente le diera un arete. Gedeón hizo con los aretes de oro un efod de oro, que colocó en Ofra, su ciudad natal. «Todo Israel se prostituyó al adorar allí el efod, el cual se convirtió en una trampa para Gedeón y su familia» (Jueces 8:27).

Juan Calvino dijo que «en cada santo hay algo reprensible». Dijo esto en su comentario sobre Jefté, quien libró a Israel en una sorprendente victoria sobre los amonitas, pero que siempre será recordado por su voto insensato. Jefté le prometió a Dios que si Él libraba a Israel en esta importante batalla, él sacrificaría a cualquiera que «salga primero de la puerta de mi casa» (Jueces 11:31). ¡Pero quien fue sino su propia hija! (vv. 34-35). En el caso de Sansón, algunas veces llamado el hombre más fuerte que existió, tenía una debilidad fatal: una debilidad por las mujeres. Esta debilidad lo llevó a su caída. Se enamoró de Dalila, pero ella lo acusó de no amarla porque no le revelaba su secreto. Ciertamente Sansón sabía que ella era una mala persona, pero su deseo por ella prevaleció sobre su sentido común. Le reveló su secreto: nunca le habían cortado el cabello. Mientras dormía, Dalila le cortó el cabello, y su fuerza lo dejó de inmediato. Se volvió débil como cualquier otro hombre. Los filisteos lo capturaron, le sacaron los ojos y lo ataron con grillos. Pero cuando su cabello volvió a crecer, su fuerza regresó. Derribó el templo, y a todas las personas dentro de él, tomando venganza de ellos. Fueron muchos más los que Sansón mató al morir, que los que había matado mientras vivía (Jueces 16:30).

Los líderes necesitan más que empoderamiento. Necesitan sabiduría. El joven Salomón tuvo la sensatez de pedirle a Dios sabiduría: «Yo te ruego que le des a tu siervo discernimiento para gobernar a tu pueblo y para distinguir entre el bien y el mal» (1 Reyes 3:9). La sabiduría de Salomón fue legendaria en su propia época y para siempre. El Espíritu de Dios le dio poder de liderazgo a estos jueces, pero eso fue todo. ¿Por qué el Espíritu Santo no los guió a limpieza así como a poder para liderazgo? No lo sé. El libro de Jueces se resume en el último versículo: «En aquella época no había rey en Israel; cada uno hacía lo que le parecía mejor» (Jueces 21:25); o, en otras palabras: «Cada uno hacía lo que le parecía bien ante sus propios ojos» (NBLH).

Hay un debate melancólico en algunos círculos: ¿cuál es más importante, el carácter o el don? Uno podría pensar que los líderes cristianos no tendrían dificultades para responder una pregunta como esta, pero —aunque usted no lo crea— hay muchos de ellos que de hecho dicen que el don es más importante que el carácter. En otras palabras, si una persona muestra gran liderazgo y oratoria, y es capaz de profetizar o hacer milagros, la vida personal y privada de la tal persona no importa. ¿En serio? ¡Con razón hay tanta inmoralidad sexual entre los líderes cristianos hoy en día!

El Espíritu Santo es capaz de llenar de poder, sí. Y faculta para el liderazgo. Es verdad. Pero el poder no es suficiente. También necesitamos pureza.

Temo que demasiados líderes solamente quieren el poder. Algunos de ellos tienen muchos seguidores. Y gran carisma. Pero eso es todo. No quiero ser injusto, pero Pablo dijo que en los postreros días la gente sería fácilmente engañada. «Porque llegará el tiempo en que no van a tolerar la sana doctrina, sino que, llevados de sus propios deseos, se rodearán de maestros que les digan las novelerías que quieren oír. Dejarán de escuchar la verdad y se volverán a los mitos» (2 Timoteo 4:3-4). Jesús dijo: «Muchos me dirán en aquel día: «Señor, Señor, ¿no profetizamos en tu nombre, y en tu nombre expulsamos demonios e hicimos muchos milagros?». Entonces les diré claramente: «Jamás los conocí. ¡Aléjense de mí, hacedores de maldad!» (Mateo 7:22-23).

Aunque el Espíritu de Dios todavía viene sobre algunas personas —y hacen un gran espectáculo y asombran a la gente— nunca los deberíamos seguir como nuestros modelos, mucho menos como nuestros mentores.

Dicho lo cual, quizá le sorprenda que Gedeón, Jefté y Sansón se ganaron un lugar en el gran capítulo de fe de la Biblia: Hebreos 11 (vea el versículo 32). Lo cual es para mostrar que Dios es misericordioso. Él sabe de qué estamos hechos, se acuerda de que solo somos polvo (Salmos 103:14, NBLH).

Para mayor estudio: Mateo 7:15-27; Romanos 11:29; 1 Timoteo 4:1-5; 2 Timoteo 4:1-5

*Oh, Espíritu Santo, concédeme discernimiento para recono-*
*cer la ausencia de sabiduría y pureza en los líderes de hoy.*
*No me permitas estar entre los que quieren oír novelerías*
*y que no están totalmente interesados en la verdad. En el*
*nombre de Jesús, amén.*

# EL ESPÍRITU SANTO FACULTA PARA LA PROFECÍA

NUESTRO DEVOCIONAL PARA hoy es sumamente similar al anterior. La manera en que el Espíritu del Señor fue mencionado en el libro de Jueces se repite en 1 Samuel; esto es, cuando viene sobre el rey Saúl.

Comenzamos con Samuel —el primer profeta importante desde Moisés— y la solicitud de Israel por un rey. Samuel les rogó que no pidieran un rey, pero cedió. Desde ese momento Samuel hizo lo mejor que pudo para encontrarles un rey. Saúl, el hijo de Quis, de la tribu de Benjamín fue escogido. Samuel le profetizó a Saúl: «Entonces el Espíritu del Señor vendrá sobre ti con poder, y tú profetizarás [...] y serás una nueva persona» (1 Samuel 10:6). Pronto después de eso «el Espíritu de Dios vino con poder sobre Saúl», y comenzó a profetizar (v. 10). Algunos de los que lo conocían preguntaron: «¿Qué le pasa a Saúl hijo de Quis? ¿Acaso él también es uno de los profetas?» (v. 11).

El rey Saúl tuvo un comienzo brillante. Se le dio gran autoridad. En una ocasión «el Espíritu de Dios vino sobre él con poder. Enfurecido, agarró dos bueyes y los descuartizó, y con los mensajeros envió los pedazos por todo el territorio de Israel, con esta advertencia: "Así se hará con los bueyes de todo el que no salga para unirse a Saúl y Samuel". El temor del Señor se apoderó del pueblo, y todos ellos, como un solo hombre, salieron a la guerra» (1 Samuel 11:6-7).

Pero en poco tiempo Saúl se convirtió en el «hombre del ayer», como lo puse en mi libro *La unción: Ayer, hoy y mañana*. ¿Qué salió mal? En síntesis, se tomó demasiado en serio. El Dr. Martyn Lloyd-Jones solía decirme: «Lo peor que le puede suceder a un hombre es tener éxito antes de estar listo». Ese fue Saúl. El punto de quiebre vino cuando Saúl no esperó a Samuel para ofrecer el holocausto. Así que Saúl dijo: «Tráiganme el holocausto y los sacrificios de comunión». Entonces Saúl ofreció el holocausto; yendo a sabiendas en contra de la Escritura que estipula que solamente el sacerdote llamado por Dios puede hacer eso. Saúl lo hizo de todos modos. Entonces llegó Samuel y le dijo al rey Saúl: «¡Eres un necio!». Todavía más: «Tu reino no permanecerá. El Señor ya está buscando un hombre más de su agrado, pues tú no has cumplido su mandato» (1 Samuel 13:9-14).

Las cosas no volvieron a ser iguales; para Saúl o para Israel. Saúl fue rechazado por Dios. El pueblo no lo sabía; solamente Samuel lo sabía. Mientras tanto, Samuel ungió al joven David (1 Samuel 16:13): el hombre según el corazón de Dios. David mató a Goliat, haciendo a Saúl enloquecidamente celoso. Además: «Saúl sabía que el Señor lo había abandonado, y que ahora estaba con David. Por eso tuvo temor de David» (1 Samuel 18:12).

David tuvo que esconderse a causa de los celos de Saúl y su porfiada determinación de matarlo. Saúl estaba más preocupado por la amenaza de David que por los filisteos, el enemigo de Israel. Saúl estaba totalmente entregado en mente y corazón a deshacerse de David. Ninguna persuasión podría cambiarlo, fuera por parte de su hijo Jonatán o su hija Mical.

Y ahora examinaremos un suceso sorprendente verdaderamente extraordinario. En una de sus expediciones para encontrar a David y matarlo, el rey Saúl comenzó a profetizar. Su don profético no lo había dejado. Extraño como pueda parecer: «El Espíritu de Dios vino con poder también sobre él, y Saúl estuvo en trance profético por todo el camino, hasta llegar a Nayot de Ramá. Luego se quitó la ropa y, desnudo y en el suelo, estuvo en trance en presencia de Samuel todo el día y toda la noche. De ahí viene el dicho: "¿Acaso también Saúl es uno de los profetas?"» (1 Samuel 19:23-24).

Piense en esto. Ponga estas dos cosas juntas: Saúl profetizando y al mismo tiempo planeando matar a David. ¿Cómo es que podrían las dos coincidir? ¿Cómo es que pudo el *Espíritu de Dios* venir sobre un hombre con una meta tan inicua? Si el Espíritu de Dios cayó sobre David cuando fue ungido por Samuel, ¿cómo podría el mismo Espíritu de Dios caer sobre el hombre cuya sola obsesión era matar al hombre según el corazón de Dios?

Usted dígame. Esto es para mostrar algunos de los misterios que rodean las manifestaciones del Espíritu Santo. Lo que es más, Saúl profetizó en la presencia de Samuel, quien acababa de ungir a David para que fuera rey. ¿Por qué Samuel no le dijo algo a Saúl? Al parecer permaneció callado.

Hay algunas cosas que suceden en la obra del Señor que no puede uno entender. La Biblia misma no trata de explicar algunas cosas. Se nos deja que «lleven a cabo» nuestra salvación con temor y temblor (Filipenses 2:12). Tomo «lleven a cabo» para significar dilucidar algunos dilemas lo mejor y tan honestamente como sepa hacerlo. Dios no nos alimenta en la boca con cada detalle que podríamos alegremente recibir. Aparentemente espera que crezcamos y lleguemos a conclusiones que nos den tranquilidad.

Hay un versículo que me da un sentido de lucidez en este tipo de temas: «Porque las dádivas de Dios son irrevocables, como lo es también su llamamiento [(sin arrepentimiento), JBS]» (Romanos 11:29). Nos guste o no, Dios da los dones —y nos permite quedárnoslos— sin importar nuestro carácter o conducta. Por eso es que algunas personas piensan que los dones tienen prioridad sobre el carácter. No estoy de acuerdo. No creo que glorifique a Dios vivir vidas privadas que ignoren la vida santa aunque nuestro don esté floreciendo.

¿Usted que dice?

Para mayor estudio: Hechos 21:10-14; Filipenses 2:12-16; 1 Tesalonicenses 4:3-7; Hebreos 12:15-17

> *Querido Espíritu Santo hay tanto en tu Palabra que no entiendo. Por favor, dame la gracia no solo de dejarte cosas, sino de al mismo tiempo, caminar en una manera que traiga gran honor y gloria a tu nombre. En el nombre de Jesús, amén.*

# EL ESPÍRITU SANTO NOS PREPARA PARA EL SERVICIO

CUANDO SAMUEL DERRAMÓ aceite sobre el joven David, ungiéndolo para ser el siguiente rey, el Espíritu del Señor vino sobre él con poder (1 Samuel 16:13). Pero hay una cosa que no sucedió, específicamente: una palabra profética más precisa de parte de Samuel. Si solamente Samuel hubiera dicho: «David, pasarán otros veinte años antes de que seas rey». No. Y Samuel tampoco profetizó: «Pasarás los siguientes veinte años huyendo del rey Saúl simplemente para permanecer con vida». Y Samuel podría haber añadido: «No te preocupes, David, esta será parte de tu preparación». Dios no dirigió a Samuel a decir nada parecido.

Cuando Dios nos consagra a su servicio, a menudo no nos dice *nada* con respecto a los obstáculos o decepciones a lo largo del camino. Simplemente caemos en todo tipo de pruebas y tribulaciones. Sin advertencia. Simplemente vienen. Aprendemos por experiencia. Dios no nos lleva directamente de la A a la Z, sino de la A a la B, de la B a la C, etcétera. «Un día a la vez», como dice el título de una canción popular de música *gospel* (me han dicho que es la canción que más solicitan en los hospitales).

Algunos quizá pregunten: «Ya que el Espíritu del Señor vino sobre David con poder, ¿no estaba listo para ser rey?». No. Su unción necesitaba ser refinada. El éxito le llegó demasiado pronto a Saúl. Dios se iba a asegurar de que el hombre según su propio corazón no tuviera éxito antes de estar listo.

Quizá usted sienta que Dios le ha dado una unción definitiva. Usted ha pensado que si el Espíritu del Señor ha venido sobre usted con poder significa que está «listo para la acción». No necesariamente. La unción de cada uno necesita ser refinada. Víctor Hugo dijo: «Como el retumbo de un poderoso ejército, tal es la fuerza de una idea cuyo tiempo ha llegado». Yo parafrasearía eso como: «Como el retumbo de un poderoso ejército, tal es la fuerza de la *unción* de alguien cuyo tiempo ha llegado». Todos tendemos a pensar que estamos listos meramente por un toque de Dios en nosotros. Los doce discípulos tontamente le dijeron a Jesús: «Sí, podemos» (Mateo 20:22). Dios conoce la verdad acerca de nosotros. Todos necesitamos más preparación.

La evidencia de la unción de David vino cuando mató a Goliat (1 Samuel 17). Fue lo mejor que le sucedió a David; se ganó el favor de Saúl. Fue igualmente la peor cosa que le sucedió a David: incurrió en la ira de Saúl. Pero David estaba siendo preparado para ser el siguiente rey. Charles Spurgeon a menudo es citado diciendo: «Si supiera que me quedaran veinte años de vida, pasaría veinte de esos años en preparación». Si su tiempo no ha llegado todavía, es porque necesita todavía más preparación.

En 1956 regresé a Ashland, Kentucky, desde mi alma mater, Trevecca Nazarene College (ahora Trevecca Nazarene University), con una unción indudable. Sabía que Dios me iba a usar algún día. Lo sabía más allá de toda duda. Pero mi padre estaba confundido. ¿Por qué había abandonado la teología de mi antigua denominación si Dios estaba verdaderamente conmigo? Le aseguré a mi padre que en un año sería totalmente vindicado y en un gran ministerio del que él estaría orgulloso. Un año después, ni siquiera estaba en el ministerio. Cinco años después estaba trabajando como vendedor de aspiradoras de puerta en puerta. No fue sino hasta 1978 —unos veintidós años después, en un tren de Edimburgo, Escocia, a la estación King's Cross en Londres— que mi padre me miró y dijo: «Hijo, tenías razón; yo estaba equivocado. Estoy orgulloso de ti». No estoy seguro de poder haber resistido en 1956 si hubiera sabido que tendría que esperar tanto.

Dios sabe de qué estamos hechos, siempre se acuerda de que somos polvo (Salmos 103:14, NBLH). Él sabe cuanto podemos soportar y, por lo tanto, nos dirige exactamente según nuestra necesidad, nuestra medida de fuerza y lo que se necesitará en el camino.

No creo que David podría haber resistido si hubiera sabido previamente que estaría huyendo por su vida veinte años. ¡Un año era suficientemente difícil! Pero todo lo que pasaría, verdaderamente sería parte de su preparación. Aprendió mucho. Aprendió el significado de la *misericordia* en esos años. ¿Cuántas veces Dios libró la vida de David cuando el vengativo rey Saúl estaba tan cerca de matarlo? Dios fue tan misericordioso. Esto también aparece en los salmos que estaba escribiendo. David posiblemente no sabía que esos salmos que estaba escribiendo durante esos veinte años serían parte del canon de las Santas Escrituras. Aprendió cómo ser un hombre agradecido. Esto también aparece en los salmos. Aprendió como no agraviar al Espíritu Santo y que no debería apresurar convertirse en rey antes de que el tiempo de Dios hubiera llegado. También aprendió a pelear y a sobrevivir. Estaba siendo entrenado para ser como un general en la milicia. Aprendió liderazgo y cómo gobernar a sus fieles guerreros. Sobre todo, aprendió a confiar en Dios cuando todo lo demás era completamente sombrío. David era verdaderamente un hombre según el propio corazón de Dios.

Dios se aseguró de que David estuviera *listo* cuando viniera su tiempo. El día vino. Resultó ser el mayor rey que Israel tuvo jamás. Valió la pena esperar.

¿Está usted esperando que venga su tiempo? Dios se está asegurando que no se embarque en cualquier oportunidad hasta que esté listo.

Para mayor estudio: 1 Samuel 24:1-7; 26:8-11; Salmos 23; 136; Isaías 40:31; Mateo 20:20-28

*Bondadoso Espíritu Santo, gracias por la manera en que nos refinas. Perdóname por tratar de apresurarte. Sé que el tiempo te pertenece y que está en tus manos. Hazme paciente y agradecido hasta que mi tiempo venga. En el nombre de Jesús, amén.*

_____

_____

_____

_____

_____

_____

_____

_____

_____

_____

# EL ESPÍRITU SANTO HABLA
# A TRAVÉS DE NOSOTROS

CUANDO ME VOLVÍ pastor de la iglesia Church of the Nazarene en Palmer, Tennessee, en marzo de 1955, a los diecinueve, era el miembro más joven. Había allí un par de docenas de niños además de un puñado de adolescentes ligeramente más jóvenes que yo. Pero, de hecho, no eran miembros. Además, yo había sentido el llamado divino a predicar solamente cuatro meses antes (noviembre de 1954). Mi primer sermón en Palmer era posiblemente el quinto que había predicado en total. Sintiéndome tan inadecuado e insignificante, no creo seriamente que yo pensara que Dios realmente hablara a través de mí en esos días. Aunque yo no tuve nada que ver con que ellos me llamaran, honestamente sentía que estas personas en Palmer me estaban haciendo un favor al dejarme ser su pastor. Después de todo, yo todavía era un estudiante en el Trevecca Nazarene College en Nashville. No fue sino hasta hace unos años, cuando nos mudamos de vuelta a Nashville, que descubrí que Dios en realidad me había usado después de todo. Fui invitado a regresar a Palmer para predicar allá. Menos de diez de la congregación habían estado cuando yo estuve allí más de cincuenta años antes. Pero una dama, de unos sesenta años, se me acercó para decirme que ella de hecho fue salva de chica bajo mi ministerio ¡más de cincuenta años atrás! Fue la primera vez que supe eso.

¿Puede pensar en algo más emocionante que pensar que Dios de hecho habla a través de usted? Después de casi sesenta años de ministerio nunca dejé de sorprenderme de que Dios pudiera verdaderamente hablar a través de mí.

Creo que David se sentía de esa manera. Cuando llegó al final de su vida, escribió: «El Espíritu del Señor habló por medio de mí; puso sus palabras en mi lengua» (2 Samuel 23:2). Probablemente se estaba refiriendo a lo que escribió más que a lo que dijo, aunque lo último no puede ser desechado. Es probable que también se esté refiriendo a sus cantos. Es llamado el «dulce cantor de Israel» (v. 1) o «el dulce cantor de himnos de Israel» (v. 1, DHH). Como sea, David se volvió consciente de que al final de su vida el Espíritu Santo lo usó para hablar, cantar o escribir a través de él. Aunque David no escribió el Salmo 45, las palabras introductorias con toda seguridad lo describen: «Mi lengua es como pluma de hábil escritor» (v. 1).

Pablo le pidió a los Efesios que oraran por él para que «Dios me dé las palabras» (Efesios 6:19; «palabra», RVR 1960). Pablo quería esa indescriptible unción por medio de la cual no batallara buscando palabras sino que fluyeran con facilidad y sin esfuerzo. Es un fenómeno maravilloso cuando un orador —bajo la influencia del Espíritu Santo— se encuentra pronunciando palabras que le vienen con suma facilidad. Esa es la unción. Quizá recuerde que dijimos que la unción es cuando su don funciona con facilidad. Por lo tanto, cuando uno habla y las palabras fluyen con facilidad, es un momento maravilloso.

Hay un estudio interesante en el griego cuando se compara Hechos 2:4 con Hechos 2:14. Hechos 2:4 declara que los discípulos hablaron sobrenaturalmente en otras lenguas según «el Espíritu les daba que hablasen», o «el Espíritu les daba habilidad para expresarse» (RVR 1960; NBLH). La palabra griega es *apophtheggesthai*. Que proviene de *apophtheggomai*, que significa «hablar fuerte y claramente». Por eso es que todos podían escucharlos hablando en lenguas. Pero todos entendían lo que estaban diciendo sobrenaturalmente en «su lengua materna» (v. 8). Que los discípulos hayan sido provistos de «habilidad» —o dado «que hablasen»— muestra que su hablar en lenguas fluía en alta voz y con facilidad. Ahora en Hechos 2:14, Pedro «dijo a voz en cuello» —*apephthegzato*, de *apophtheggomai*— a la multitud. Esto significa que no solamente habló en voz fuerte, sino con facilidad, con el mismo habla o habilidad que se les dio a los discípulos en Hechos 2:4. Piense en esto. Cuando Pedro predicó su sermón en el Día de Pentecostés, tuvo la misma ayuda para hablar en su propio idioma que la que tuvo momentos antes cuando habló en otra lengua. Esto indica el poder sobrenatural dado a Pedro ese día. Esta palabra es usada más tarde cuando Pablo le dijo a Festo: «Lo que digo [*apophtheggomaí*] es cierto y sensato» (Hechos 26:25).

Pedro dijo: «El que habla, hágalo como quien expresa las palabras mismas de Dios» (1 Pedro 4:11; «hable como los oráculos de Dios» JBS). Así que concluyo este segmento donde comenzamos. Cuando se presentan las últimas palabras de David está escrito: «Oráculo de David hijo de Isaí, dulce cantor de Israel; hombre exaltado por el Altísimo y ungido por el Dios de Jacob. El Espíritu del Señor habló por medio de mí; puso sus palabras en mi lengua» (2 Samuel 23:1-2).

Qué cosa tan maravillosa es saber que Dios puede hablar a través de nosotros. Y David no era perfecto. Esto nos da esperanza de que el Espíritu Santo puede hablar a través de usted y de mí.

Para mayor estudio: Salmos 45; Hechos 2:1-4; Efesios 6:10-20; 1 Pedro 4:7-11

> *Glorioso Espíritu Santo, quiero tanto que me uses, habla a través de mí. Sé que mis palabras no serán infalibles como la Santa Escritura, pero úsame tanto como puedas, sabiendo al igual que tú lo frágil y humano que soy. En el nombre de Jesús, amén.*

_____

_____

_____

_____

_____

_____

_____

_____

_____

_____

_____

_____

_____

_____

# EL ESPÍRITU SANTO NO NOS ABANDONA

HEMOS VISTO QUE cada persona de la Trinidad es verdadera y plenamente Dios. Esto tiene relevancia con respecto a nuestra relación con el Padre, el Hijo y el Espíritu Santo. Por ejemplo, está escrito de Dios el Padre que Él «nunca los dejará ni los abandonará» (Deuteronomio 31:6). Jesús dijo antes de su ascensión al cielo: «Y les aseguro que estaré con ustedes siempre, hasta el fin del mundo» (Mateo 28:20). ¿Podemos esperar la misma fidelidad con respecto al Espíritu Santo? Sí. Jesús dijo que el Espíritu Santo nos acompañaría «siempre» (Juan 14:16). Pero incluso si Jesús no hubiera dicho eso del Espíritu Santo, yo creería que es cierto.

Mencionamos anteriormente que David, aunque era un hombre según el propio corazón de Dios y el más grande rey de Israel, no era perfecto. Sus pecados de adulterio y asesinato están en los primeros lugares de la lista de pecados lamentables y vergonzosos del Antiguo Testamento. A diferencia de Saúl, David se arrepintió tan pronto el profeta Natán lo reprendió, y después escribió su oración. Es el Salmo 51. Lo primero que pidió David fue misericordia: «Ten compasión de mí, oh Dios, conforme a tu gran amor; conforme a tu inmensa bondad, borra mis transgresiones. Lávame de toda mi maldad y límpiame de mi pecado» (vv. 1-2). Pero quiero enfocarme en estas palabras: «No me alejes de tu presencia ni me quites tu santo Espíritu» (v. 11). Algunos piensan que esto muestra que el Espíritu Santo nos deja cuando pecamos porque David oró que Dios no le quitara su Espíritu Santo. Él no oró esto porque el Espíritu Santo nos deje cuando pecamos; David oró esto porque lo *temía*, y estaba consciente de lo que merecía. Oró de esta manera porque la presencia de Dios era tan preciosa para él. Para él la presencia de Dios y del Espíritu Santo llegaban a ser lo mismo. David estaba horrorizado por el pensamiento de que tuviera que renunciar a esto.

No tenía que haberse preocupado. «¡Muy grande es su fidelidad!» (Lamentaciones 3:23). El Dios del Antiguo Testamento no nos deja; Jesús el Hijo de Dios no nos deja; el Espíritu Santo no nos deja. Y no obstante la prueba de que el Espíritu Santo no dejó a David es el hecho de que oró como oró. ¡Solamente una persona motivada por el Espíritu Santo podría orar así! ¡Su oración por compasión muestra que el Espíritu Santo estaba con él! Al orar por misericordia mostró su arrepentimiento. También al suplicar compasión muestra que no se tiene poder de negociación; David reconoció que Dios podía dar o retener la misericordia y seguir siendo justo de cualquier manera. Todo el Salmo 51 se puede describir con una sola palabra: arrepentimiento. Esto es lo que David estaba mostrando. El Espíritu Santo estaba trabajando en Él, habilitando a David para que orara como lo hizo. ¡De hecho, Salmos 51 es parte de la Escritura; de la que el Espíritu Santo es el Autor! Toda la Escritura es «inspirada por Dios», lo cual significa: inspirada por el Espíritu Santo (2 Timoteo 3:16).

David también escribió el maravilloso Salmo 139. Sea que haya escrito esto antes o después de su horrible pecado, no lo sé. En cualquier caso, David escribió: «¿A dónde podría alejarme de tu Espíritu? ¿A dónde podría huir de tu presencia? Si subiera al cielo, allí estás tú; si tendiera mi lecho en el fondo del abismo, también estás allí» (vv. 7-8). La Biblia King James en inglés traduce la parte final del versículo 8: «Si hago mi lecho en el infierno».* La RVR 1960 deja el hebreo sin traducir: «Y si en el *Seol* hiciere mi estrado»: la muerte, la tumba. David ciertamente hizo su lecho en el infierno cuando pecó con tanto descaro como lo hizo (*Hades* es el equivalente del Nuevo Testamento para *Seol*). Si escribió ese salmo después de su pecado es un testimonio de que Dios de hecho no lo dejó.

Todos somos pecadores. «Soy un pecador; grande como cualquiera, peor que muchos».[1] «Si afirmamos que no tenemos pecado, nos engañamos a nosotros mismos y no tenemos la verdad. Si confesamos nuestros pecados, Dios, que es fiel y justo, nos los perdonará y nos limpiará de toda maldad» (1 Juan 1:8-9). Es por la gracia de Dios que no he pecado como David. Me siento alentado de saber que el Dios de la Biblia está lleno de misericordia. Jesús le dijo a la mujer descubierta en adulterio: «Tampoco yo te condeno. Ahora vete, y no vuelvas a pecar» (Juan 8:11). El Espíritu Santo es igual; nunca nos va a dejar, pero nos dirá que dejemos nuestra vida de pecado.

Para mayor estudio: 2 Samuel 12:11-14; Salmos 139; Lamentaciones 3:19-26; 1 Juan 1:7-2:2

*Oh, Espíritu Santo, pienso en la frase: «Ahí voy, pero por la gracia de Dios». Perdóname por mis pecados, incluyendo creerme justo confiando en mí mismo. Gracias por tu gran misericordia. En el nombre de Jesús, amén.*

---

---

---

* Traducción directa del inglés.

# DÍA 15

# EL ESPÍRITU SANTO PUEDE SER PROVOCADO

¿ALGUNA VEZ HA provocado al Espíritu Santo? Temo que lo he hecho. Demasiado a menudo. Algunas veces lo siento de inmediato; algunas veces Dios se espera un poco antes de mostrármelo. Aunque el Señor es «tardo para la ira» (Éxodo 34:6), también es cierto que «su ira se inflama de repente» (Salmos 2:12). Hablando personalmente, preferiría tener la última —cuando su ira se inflama de repente— para terminar pronto con el asunto. He concluido que, hablando en general, entre mayor sea el pecado, más espera Dios en mostrar su ira. El Señor se esperó unos dos años antes de enviar a Natán el profeta para exponer los atroces pecados de adulterio y asesinato de David. Pero cuando Moisés le rogó al Señor que no le pidiera que fuera el que liberara a los israelitas y oró: «Te ruego que envíes a alguna otra persona», instantáneamente la ira del Señor ardió contra él (Éxodo 4:10-14).

Los hijos de Israel «fueron rebeldes contra Su Espíritu, y él [Moisés] habló precipitadamente con sus labios» (Salmos 106:33, NBLH). La RVR 1977 tiene una toma diferente de este incidente: «[Los israelitas] Le amargaron el espíritu [a Moisés] y habló inconsideradamente con sus labios». Entre estas dos interpretaciones hay que ver tanto el desagrado del Señor y la ira de Moisés. Pero lo que Moisés estaba sintiendo era ira justa contra los hijos de Israel. Los líderes piadosos algunas veces llevan cargas pesadas e interiormente suspiran con enojo cuando sus seguidores se descarrían.

El Espíritu Santo nunca pierde los estribos. Refleja gozo y alegría que siempre están presentes a la derecha de Dios (Salmos 16:11). Pero si no somos cuidadosos, podríamos mostrar molestia personal de manera poco sabia por la maldad que vemos a nuestro alrededor. Moisés —después de Jesús— fue el más grande líder de hombres y mujeres en la historia humana. Pero no era perfecto. Cuando los israelitas cayeron en necedad, sucedieron dos cosas simultáneamente: provocaron al Espíritu Santo, e hicieron enojar a Moisés. Pero como Moisés era humano y por lo tanto imperfecto como todos nosotros «habló precipitadamente con sus labios» (Salmos 106:33, RVR 1960). Una gran prueba de liderazgo es ver el mal y la maldad sin perder nuestra compostura.

Y, no obstante, es difícil algunas veces encontrar la diferencia. Jesús mostró ira justa cuando entró al templo «halló a los que vendían bueyes, ovejas y palomas, e instalados en sus mesas a los que cambiaban dinero. Entonces, haciendo un látigo de cuerdas, echó a todos del templo, juntamente con sus ovejas y sus bueyes; regó por el suelo las monedas de los que cambiaban dinero y derribó sus mesas. A los que vendían las palomas les dijo: —¡Saquen esto de aquí! ¿Cómo se atreven a convertir la casa de mi Padre en un mercado?» (Juan 2:14-16). Jesús tenía al Espíritu Santo sin restricción (Juan 3:34). Por lo tanto, estaba enojado porque el Espíritu Santo estaba enojado, y también porque el Padre estaba enojado, porque todo lo que Jesús hizo fue llevar a cabo los deseos del Padre (Juan 5:19). Aunque Jesús no perdió el control cuando lo provocaron, ¡los presentes probablemente se sintieron aludidos! La pregunta es: «¿Puedo ser provocado en mi espíritu sin perder los estribos?». Pablo dijo: «Si se enojan, no pequen» (Efesios 4:26).

Como veremos más tarde en este libro, el Espíritu Santo puede ser agraviado. Los antiguos israelitas «se rebelaron y afligieron a su santo Espíritu. Por eso se convirtió en su enemigo, y luchó él mismo contra ellos» (Isaías 63:10). Santiago le advirtió a los primeros cristianos: «¿No saben que la amistad con el mundo es enemistad con Dios? Si alguien quiere ser amigo del mundo se vuelve enemigo de Dios» (Santiago 4:4). Martín Lutero dijo que primero debemos conocer a Dios como enemigo antes de que lo podamos conocer como amigo.

La ira de Dios hacia sus hijos es llamada *reprensión* o ser disciplinado. «Porque el Señor disciplina a los que ama» (Hebreos 12:6). En cualquier caso, debemos estar agradecidos de que «sólo un instante dura su enojo, pero toda una vida su bondad. Si por la noche hay llanto, por la mañana habrá gritos de alegría» (Salmos 30:5).

¿Así que ha provocado al Señor? Entre más grave sea, probablemente más se tardará en mostrarlo. Es por eso que queremos saber tan pronto como sea posible si lo hemos desagradado. En cualquier caso, debemos estar agradecidos por esto: si somos disciplinados (y todos lo necesitamos de vez en vez), es porque somos amados.

Para mayor estudio: Números 20:6-13; Isaías 63:7-10; 1 Corintios 10:1-13; Santiago 4:1-10

*Bendito Espíritu Santo, por favor muéstrame lo más pronto posible cuando te desagrado, porque lo último que quiero en el mundo es provocarte. Gracias por tus incontables misericordias a medida que me someto a ti de nuevo hoy. En el nombre de Jesús, amén.*

# EL ESPÍRITU SANTO ES OMNIPRESENTE

HOY VAMOS A considerar brevemente uno de los atributos (características) de Dios. Las tres «grandes O» son su omnipotencia: que Él es todopoderoso; su omnisciencia: que Él conoce todo; su omnipresencia: que está en todas partes. En uno de los salmos más maravillosos —a los que hice referencia anteriormente— David dijo:

> ¿A dónde podría alejarme de tu Espíritu? ¿A dónde podría huir de tu presencia? Si subiera al cielo, allí estás tú; si tendiera mi lecho en el fondo del abismo, también estás allí. Si me elevara sobre las alas del alba, o me estableciera en los extremos del mar, aun allí tu mano me guiaría, ¡me sostendría tu mano derecha!
>
> —SALMOS 139:7-10

Cuando decimos que Dios es omnipresente, queremos decir que no hay ningún lugar donde no este Dios, en toda la creación, en los cielos y la Tierra. Su gloria llena el universo. «¿Podrá el hombre hallar un escondite donde yo no pueda encontrarlo? —afirma el Señor—. ¿Acaso no soy yo el que llena los cielos y la tierra? —afirma el Señor—» (Jeremías 23:24). Es imposible escapar de la presencia de Dios. «Los ojos del Señor están en todo lugar, vigilando a los buenos y a los malos»

(Proverbios 15:3). «Los ojos de Dios ven los caminos del hombre; él vigila cada uno de sus pasos. No hay lugares oscuros ni sombras profundas que puedan esconder a los malhechores [...] No tiene que indagar para derrocar a los poderosos y sustituirlos por otros. Dios toma nota de todo lo que hacen» (Job 34: por la noche los derroca, y quedan aplastados; 21-25). Jonás tontamente pensó que podía «huir de la presencia de Jehová a Tarsis» (Jonás 1:3, RVR 1960). Pero descubrió que esto era imposible. Dios estaba presente en el barco en el que navegaba. Dios estaba presente en la tormenta que causó pánico entre los marineros. Y Jonás descubrió que Dios estaba presente en el vientre del pez cuando persuadió a los marineros a que lo echaran al mar, donde oró con todo su corazón, y el Señor lo escuchó (Jonás 1:15-2:10).

No obstante, hay dos maneras en las que la presencia de Dios puede ser conocida: primero, su omnipresencia, que puede ser inconsciente para nosotros. «Los cielos cuentan la gloria de Dios, el firmamento proclama la obra de sus manos [...] Dios ha plantado en los cielos un pabellón para el sol. Y éste, como novio que sale de la cámara nupcial, se apresta, cual atleta, a recorrer el camino. Sale de un extremo de los cielos y, en su recorrido, llega al otro extremo, sin que nada se libre de su calor» (Salmos 19:1, 4-6). Según Pablo, la misma creación habla a toda la humanidad para mostrar la gloria de Dios y para exponer la hipocresía del hombre. «Me explico: lo que se puede conocer acerca de Dios es evidente para ellos, pues él mismo se lo ha revelado. Porque desde la Creación del mundo las cualidades invisibles de Dios, es decir, su eterno poder y su naturaleza divina, se perciben claramente a través de lo que él creó, de modo que nadie tiene excusa» (Romanos 1:19-20). Al predicar en Atenas, Pablo afirmó que Dios les da a todos los hombres vida y aliento «para que todos lo busquen y, aunque sea a tientas, lo encuentren. En verdad, él no está lejos de ninguno de nosotros» (Hechos 17:27).

La segunda manera es la presencia manifiesta de Dios, que se puede reconocer de inmediato. Su presencia manifiesta viene a personas y lugares específicos por la soberana voluntad de Dios. Aunque la presencia inconsciente de Dios no es reconocible al principio, su presencia manifiesta puede ser vista y sentida por su efecto. Puede resultar en convicción de pecado (Isaías 6:5), lo milagroso, algunas veces llamado una presencia sanadora (Lucas 5:17-26) y gozo (Hechos 13:52). El apóstol Juan estaba «en el Espíritu» y vio una visión del Señor glorificado y dijo: «Al verlo, caí a sus pies como muerto» (Apocalipsis 1:17). Dicho lo cual, tristemente están los que podrían estar presentes físicamente cuando Dios se está manifestando poderosamente, pero que están tan ciegos o prejuiciados que se pierden al Espíritu Santo completamente.

No obstante, hay momentos en los que Dios promete estar presente, y deben ser tomados por fe. Jesús dijo: «Porque donde dos o tres se reúnen en mi nombre, allí estoy yo en medio de ellos» (Mateo 18:20). Esta es una palabra que es tomada por fe. Quizá no *sintamos* su presencia, pero sabemos que Él está allí porque Jesús lo dijo. De igual manera cuando estamos en una prueba severa. Dios dijo: «Cuando cruces las aguas, yo estaré contigo» (Isaías 43:2). «Porque lo dice el excelso y sublime, el que vive para siempre, cuyo nombre es santo: "Yo habito en un lugar santo y sublime, pero también con el contrito y humilde de espíritu, para reanimar el espíritu de los humildes y alentar el corazón de los quebrantados» (Isaías 57:15).

Debemos estar igualmente agradecidos por la omnipresencia del Señor y su presencia manifiesta especial. Él está en todos lados sea que lo creamos o no. Pero cuando la Palabra de Dios dice que Él está con nosotros, siempre es una referencia al Espíritu Santo, ¡y cuán agradecidos estamos por Él!

Para mayor estudio: Génesis 3:8–13; Salmos 139:1-18; Lucas 5:17-26; Hechos 17:22-31

*Oh, bondadoso Espíritu Santo, cómo te agradezco que estés conmigo; incluso cuando no te siento presente conmigo. Incrementa mi discernimiento de tu presencia para que no me pierda de ti cuando estés justo frente a mis ojos. En el nombre de Jesús, amén.*

_____

_____

_____

_____

_____

_____

_____

_____

_____

_____

_____

_____

_____

_____

_____

_____

# DÍA 17

# EL ESPÍRITU SANTO REPOSA EN EL MESÍAS EN SIETE MANERAS

M<small>E GUSTARÍA ESCRIBIR</small> un libro algún día titulado: *Versículos de la Biblia que no entiendo*. ¡Hay más de estos de los que me gustaría que usted supiera! Pero voy a tratar con algunos versículos ahora que no comprendo completamente. Este es uno de ellos: «Gracia y paz a ustedes de parte de aquel que es y que era y que ha de venir; y de parte de los siete espíritus que están delante de su trono» (Apocalipsis 1:4). Mi dilema está arraigado específicamente en la curiosa frase «siete espíritus que están delante de su trono». Se encuentra tres veces más en el libro de Apocalipsis: 3:2; 4:5; y 5:6

No soy el único que está perplejo con esta frase. Considere a los traductores, para empezar. La RVR 1960 dice «los siete espíritus de Dios». La NBLH dice «los siete Espíritus de Dios». La NTV dice «el Espíritu de siete aspectos» con una nota al pie: «En griego (los siete espíritus)». ¿Qué se supone que significa esta frase? Una sugerencia es que los siete espíritus son siete ángeles. Los ángeles son «espíritus dedicados al servicio divino, enviados para ayudar a los que han de heredar la salvación» (Hebreos 1:14). El problema con esta perspectiva es que hay una fórmula Trinitaria implícita en Apocalipsis 1:4-5: «Gracia y paz a ustedes de parte de aquel que es y que era y que ha de venir; y de parte de los siete espíritus que están delante de su trono; y de parte de Jesucristo, el testigo fiel, el primogénito de la resurrección, el soberano de los reyes de la tierra». En medio de la referencia explícita al Padre y al Hijo está la frase «siete espíritus que están delante de su trono».

Usted habrá observado que mucho de este libro devocional explora las diferentes manera en que el Espíritu Santo está activo en el Antiguo Testamento. Así que cuando uno llega a Isaías 11:1-3, en el que se puede ver claramente la referencia al Espíritu Santo, nota que el Espíritu está vinculado al Mesías: «Del tronco de Isaí brotará un retoño; un vástago nacerá de sus raíces» (v. 1). Isaí es el padre de David. Esto muestra que el Mesías vendría de la línea davídica. Luego siguen siete maneras en las que se menciona el Espíritu Santo: «El Espíritu del Señor reposará sobre él: espíritu de sabiduría y de entendimiento, espíritu de consejo y de poder, espíritu de conocimiento y de temor del Señor» (v. 2). Esto es lo más cerca que puedo llegar para entender las cuatro referencias a los siete espíritus de Dios en el libro de Apocalipsis.

1. *El Espíritu del Señor.* Esta es una referencia a la unción general sobre Jesús. Él mismo citó Isaías 61:1-2: «El Espíritu del Señor está sobre mí, por cuanto me ha ungido para anunciar buenas nuevas a los pobres. Me ha enviado a proclamar libertad a los cautivos y dar vista a los ciegos, a poner en libertad a los oprimidos, a pregonar el año del favor del Señor» (Lucas 4:18-19). La misión de Jesús es descrita a mayor detalle en Isaías 42:1-7.

2. *El Espíritu de sabiduría.* Cuando uno tiene en mente que Jesús tenía al Espíritu Santo sin restricción (Juan 3:34) —esto significa que tenía todo lo que hay de Dios— uno puede entender por qué nunca hizo un comentario fuera de lugar ni pisó en falso. Silenció a los fariseos, al igual que a los saduceos (Mateo 22:34-46). Verdaderamente había llegado «uno más grande que Salomón» (Mateo 12:42).

3. *El Espíritu de entendimiento.* Moisés pidió conocer el «camino» de Dios (Éxodo 33:13, RVR 1960). Jesús entendía total y perfectamente los caminos del Padre. No solamente entendió al Padre y su propósito, sino que Jesús también comprendió a la humanidad; conocía a la gente: cómo pensaba y dónde estaba lastimada. De hecho, Él conocía «el interior del ser humano» (Juan 2:25).

4. *El Espíritu de consejo.* Isaías llamó a Jesús «Consejero admirable» (Isaías 9:6). Un abogado da asesoría, consejo. El consejo de Jesús venía libre de honorarios y siempre era lo que la gente necesitaba, ya fuera decirle a Nicodemo que quien no «nazca de nuevo» no puede ver el reino de Dios (Juan 3:3) o no condenar a la mujer descubierta en adulterio, sino decirle que dejara su vida de pecado (Juan 8:11). ¿Lo que usted necesita es dirección? Jesús siempre supo cuál era el siguiente paso hacia adelante; él sabe exactamente qué hacer ahora.

5. *El Espíritu de poder.* Jesús tenía poder para sanar toda enfermedad y dolencia, para perdonar pecados, para echar fuera demonios, para levantar al discapacitado, para detener una tormenta con su sola palabra, para predicar y enseñar. ¡No solo eso, sino que de hecho se resucitó de los muertos! «Destruyan este templo —respondió Jesús—, y lo levantaré de nuevo en tres días» (Juan 2:19). También aseguró poder escatológico: porque a todo el que crea en el Hijo «lo resucitaré en el día final» (Juan 6:40).

6. *El Espíritu de conocimiento.* Este conocimiento de Jesús se reducía esencialmente a una cosa: Completamente conocía la voluntad del Padre. Esto incluía conocimiento teológico, histórico, cosmológico y antropológico; era el único teólogo perfecto. Significaba el conocimiento de qué decir y qué hacer; todo lo que hizo y

dijo era dirigido por el Padre desde lo alto y era llevado a cabo perfectamente (Juan 5:19).

7. *El Espíritu de temor del Señor.* Jesús no tenía miedo del Padre; no tenía miedo de nada ni de nadie. Esto se refiere a la obediencia total a la Ley y los profetas. Los que verdaderamente temían al Señor honraban la Ley y los profetas. Jesús fue la única persona que guardó la Ley perfectamente. Él prometió «darle cumplimiento» a la Ley y los profetas (Mateo 5:17), y lo hizo; pudo decir al final «todo se ha cumplido» (Juan 19:30).

Para mayor estudio: 1 Reyes 3:16-28; Mateo 5:17-20; 12:39-42; 2 Corintios 5:17-21

*Oh, glorioso Espíritu Santo, te agradezco con todo mi corazón que residías total, completa y perfectamente en Jesús de Nazaret, el hijo de David. Concédeme una mayor medida de tus atributos para que pueda traer máximo honor a Él. En el nombre de Jesús, amén.*

# EL ESPÍRITU SANTO NO PUEDE SER DESCIFRADO

U STED QUIZÁ RECUERDE que hay básicamente dos cosmovisiones en lo que respecta a la fe: la perspectiva secular atea (*ver es creer*) y la perspectiva bíblica (*creerle a Dios sin la evidencia*). Una razón por la que los seculares —sean científicos, filósofos o una enfermera o un enfermero— no aceptarán al Dios de la Biblia es que ellos quieren entender todo. Suponen que si algo no puede ser descifrado con el tiempo, no vale la pena procurarse. Pero pregunto: ¿le gustaría un Dios que usted finalmente pudiera descifrar?, ¿le gustaría remover el misterio y el asombro que le es inherente a Dios? Algunos podrían ser rápidos en responder: sí. De esta manera no existiría Dios alguno.

El verdadero Dios no puede ser plenamente sondeado, medido o comprendido. «¿Quién puede medir el alcance del espíritu del Señor, o quién puede servirle de consejero? ¿A quién consultó el Señor para ilustrarse, y quién le enseñó el camino de la justicia? ¿Quién le impartió conocimiento o le hizo conocer la senda de la inteligencia?» (Isaías 40:13-14). Es interesante que cuando este versículo es citado en el Nuevo Testamento, «Espíritu del Señor» se convierte en «la mente del Señor». «¿Quién ha conocido la mente del Señor, o quién ha sido su consejero?» (Romanos 11:34). Esto muestra que no podemos dilucidar ni la mente de Dios ni su Espíritu. Porque aunque el Espíritu Santo tiene mente propia, porque es una *persona*, nunca habla «por su propia cuenta». Al igual que el Hijo, el Espíritu Santo solamente dice y hace lo que el Padre lo dirige a decir y hacer (Juan 5:19; 16:13). Hay unidad perfecta en la Deidad.

Esto también es verdad con las distintas manifestaciones del Espíritu Santo. El efecto de su presencia puede dar como resultado temor, asombro, alabanza, adoración, gozo o cualquiera del fruto o dones del Espíritu Santo. ¡En el Día de Pentecostés los testigos acusaron a los discípulos de estar borrachos (Hechos 2:13)! Y aún sé por observación de primera mano que el Espíritu Santo todavía puede hacer este tipo de cosa. Vi a una dama claramente llena del Espíritu Santo que necesitaba ayuda para caminar por el derramamiento indudable del Espíritu Santo en un servicio. Ella iba riéndose a carcajadas cuando dos personas la ayudaron a entrar en el elevador y se quedaron con ella. Esto era en un hotel. Había un bar cerca del auditorio donde el servicio se estaba llevando a cabo. No tengo duda de que cualquier transeúnte (que no estuviera en el servicio) podría haber asumido que la dama estaba ebria con vino o güisqui sin pensar que hubiera nada inusual en ello. Pero si una gran medida del Espíritu Santo hace eso hoy, algunos cristianos quedan impactados; ¡si no es que ofendidos! Pero si pudiera ver una película de la predicación de George Whitefield y el efecto que a veces tenía en los presentes —gente riendo, llorando, gritando o «desvaneciéndose» (la palabra que usaban entonces para ser derribados en el Espíritu)— uno podría fácilmente suponer que estaban embriagados con alcohol.

¡Descifre eso!

Si por azar esto le ofende, gentilmente le señalaría que Pablo dijo que no nos embriagáramos con vino sino que fuéramos llenos del Espíritu (Efesios 5:18), conociendo como él podría que el Espíritu Santo traería tal gozo que un transeúnte podría pensar que uno estaba borracho. ¿Esto le sorprende? El vino puede llevar al desenfreno; el Espíritu Santo lleva al gozo y al amor para el honor y gloria de Dios. El Espíritu Santo también puede llevar a una persona a la posición en la que él o ella no es dominada o controlada por las opiniones de la gente. «Temer a los hombres resulta una trampa» (Proverbios 29:25). Como veremos más abajo, el Espíritu Santo trae libertad.

No conocer la mente del Señor también se refiere al futuro. Uno no puede dilucidar con anticipación lo que Él va a hacer. ¡Cuando los discípulos fueron llenos con el Espíritu el Día de Pentecostés, no sabían que tres mil personas se iban a convertir antes de que el día terminara, que pronto iban a ver milagros sin que Jesús estuviera presente físicamente, o que a los gentiles finalmente se les daría membresía plena en la iglesia sin ser circuncidados!

Jesús les dijo a los Doce: «Muchas cosas me quedan aún por decirles, que por ahora no podrían soportar» (Juan 16:12). Probablemente pensaron que estaban listos para escuchar cualquier cosa que Jesús les dijera, pero Jesús sabía lo que decía. Quizá podemos *pensar* que queremos conocer todo lo que está en el futuro o las cosas que Dios tiene preparadas para nosotros, pero Dios sabe bien como estamos. El Señor no negará ningún bien a quienes hacen lo que es correcto (Salmos 84:11, NTV).

Cuando Pablo trae la pregunta: «¿Quién conoció la mente del Señor?», era en un contexto escatológico, refiriéndose en parte al futuro de Israel. ¿Quién sabe lo que Dios está por hacer? Y cuando Pablo citó el versículo: «¿quien ha sido su consejero [del Espíritu Santo]?», nos deja saber que Dios no necesita nuestra opinión. El teísmo abierto (la equivocada perspectiva de que Dios no conoce el futuro y que necesita nuestro consejo) dice que Dios necesita asesoría. Querido amigo, no es así. Él no necesita nuestra opinión, comentarios, ayuda o asistencia.

Amo al Espíritu Santo por ser exactamente como es. ¿Usted no?

Para mayor estudio: Isaías 55:6-11; Romanos 11:25-36; 1 Corintios 1:26-31; 1 Timoteo 6:11-16.

*Omnisciente Espíritu Santo, me siento tan pequeño en tu presencia. Perdóname por un espíritu de temor, y por favor ábreme a dejarte ser tú mismo en mi vida. Te pido humildemente que tomes el control. En el nombre de Jesús, amén.*

_____

_____

_____

_____

_____

_____

_____

_____

_____

_____

_____

_____

_____

_____

_____

_____

## DÍA 19

# EL ESPÍRITU SANTO DA
# SUEÑOS Y VISIONES

E L 31 DE octubre de 1955, mientras conducía de Palmer a Nashville, la gloria del Señor de pronto llenó el coche. Allí estaba, literalmente delante de mis ojos, Jesús a mi derecha mientras yo seguía conduciendo. Estaba intercediendo con el Padre por mí. Nunca me sentí tan amado. Era tan real como el hermoso lago Hickory que puedo ver ahora mientras escribo este libro. No puedo decir lo que estaba sucediendo en los lugares celestiales durante las siguientes sesenta millas [96,56 km] (cuando llegue al cielo, voy a pedir un DVD para descubrirlo). Una hora más tarde escuché que Jesús le dijo al Padre: «Lo quiere». El Padre respondió: «Puede tenerlo». El Espíritu de Dios inundó mi corazón con una calidez y una paz que no sabía que fuera posible que nadie tuviera. Durante unos treinta segundos más o menos, allí estuvo el rostro de Jesús mirándome. Mi teología cambió antes de que ese día terminara. Fue la primera vez que tuve una visión.

El mes siguiente tuve otra visión mientras estaba orando a un costado de mi cama en mi habitación del dormitorio. Fue una visión de mí mismo predicando en un famoso auditorio. Estaba vistiendo un traje azul marino. Había un coro detrás de mí en la plataforma. Cada miembro del coro vestía una toga gris claro. No escuché ninguna voz. Solamente era la visión, nada más. Pero yo estaba asombrado. Me levanté de prisa y entré a la siguiente habitación para decirle esto a mi amigo Bill. Le dije: «Bill, Dios me va a usar». Me dijo: «Lo sé». Pero dije: «Pero quiero decir, *realmente* usarme». Era nazareno entonces. El pensamiento de un ministerio mundial no estaba ni remotamente en la pantalla de mi radar. Pero supe a partir de ese día que Dios me iba a dar un ministerio internacional un día. A lo largo de los siguientes seis a ocho meses tuve cerca de una docena de visiones más. Algunas se han cumplido, otras no.

El libro de Ezequiel está lleno de visiones. Todas se dice que vinieron por el Espíritu Santo. «Y el Espíritu me alzó entre el cielo y la tierra, y me llevó en visiones de Dios a Jerusalén» (Ezequiel 8:3, RVR 1960). Daniel también tuvo visiones; muchas de estas eran visiones de noche, lo que entiendo que significa que eran sueños. Joel dijo una profecía: «Después de esto, derramaré mi Espíritu sobre todo el género humano. Los hijos y las hijas de ustedes profetizarán, tendrán sueños los ancianos y visiones los jóvenes» (Joel 2:28). Este pasaje fue citado por Pedro el Día de Pentecostés (Hechos 2:17).

Cuando Jesús se transfiguró delante de Pedro, Jacobo y Juan en una montaña alta, llamó a lo ocurrido una visión. «Jesús les mandó, diciendo: No digáis a nadie la visión» (Mateo 17:9, RVR 1960). Dios le habló a Ananías en una visión acerca de la conversión de Saulo de Tarso (Hechos 9:10-16). A Cornelio le fue dada una visión incluso antes de ser salvo en la que «vio claramente a un ángel de Dios» (Hechos 10:3). Casi al mismo tiempo, a Pedro le sobrevino un éxtasis, y esto resultó en una visión (vv. 9-20). Pablo tuvo una visión durante la noche (posiblemente un sueño) que le indicó que tenía que predicar en Macedonia (Hechos 16:9-10). Pablo tuvo una visión similar una noche que lo llevó a quedarse en Corinto otro año y medio (Hechos 18:9-11). Pablo incluso se refiere a su propia conversión dramática como una «visión celestial» (Hechos 26:19). El libro de Apocalipsis es la mayor visión de todas.

El propósito de una visión es mostrarnos lo que necesitamos saber; a menudo con referencia al futuro. Algunas veces se podría referir al futuro inmediato (Hechos 10) o algunas veces a un evento en el futuro distante. Puede ser Dios deseando comunicarse con nosotros íntimamente. La visión de Isaías le mostró la gloria del Señor, su propio pecado, y su llamado. La visión en el monte donde Jesús se transfiguró demostró la gloria de Cristo y su superioridad sobre Elías y Moisés. La visión de Pedro lo facultó para aceptar a los gentiles. Se requirió algo extraordinario para convencer a la primera iglesia de que tenían que vencer un prejuicio extraordinario.

Pablo tuvo «visiones y revelaciones del Señor» extraordinarias (2 Corintios 12:1). Como tal cosa podría generar que se volviera presumido, Dios le envió una «espina» que le fue clavada en su carne para mantenerlo humilde. De hecho, era necesario porque había tenido «sublimes revelaciones» (v. 7). Estas bien podrían haber incluido que conoció el evangelio: directamente de Jesús. Escribió: «No lo recibí ni lo aprendí de ningún ser humano, sino que me llegó por revelación de Jesucristo» (Gálatas 1:12).

Una inmensa advertencia: cualquier visión dada a usted o a mí no serán nuevas enseñanzas. No habrá «nueva revelación». El canon de la Escritura está completo; jamás —nunca— se le añadirá nada más. Si Dios da una visión, será dependiente de la Escritura y solamente porque usted lo necesita. Por cierto, no recibo visiones en estos días. Solamente sueños. ¡Porque soy anciano!

Para mayor estudio: Daniel 10:1-9; Joel 2:28-32; Mateo 2:7-12; 2 Corintios 12:1-10

*Soberano Espíritu Santo, te pido lo que necesito para mi propia dirección. Te agradezco que tengo la Biblia y al Espíritu Santo. Te agradezco por mostrarme todo lo que necesito saber. En el nombre de Jesús, amén*

# EL ESPÍRITU SANTO PODRÍA HACER COSAS INUSUALES

A LO LARGO DE la Biblia hay relatos del Espíritu Santo haciendo cosas fuera de lo ordinario. Y Él todavía hace cosas inusuales hoy. El pastor Jack Hayford cuenta acerca de volar en un avión con un indígena al que jamás había conocido. Jack sintió un impulso súbito de hablarle a este hombre en un idioma que no era el propio. Se sintió extraño, pero finalmente obedeció al Espíritu Santo. Cuando habló, el indígena quedó asombrado. ¡Jack le había hablado una palabra del Señor en el propio idioma del indígena!

Conocí a Terry Akrill en Escocia en el verano de 2003. Jamás había escuchado o conocido a un hombre como este. Emitía un aroma a rosas que vino sobre él de pronto unos cinco años antes y nunca lo dejó. Yo podía olerlo literalmente a diez pies [3 m] de distancia. Algunas veces fluía aceite de sus manos, lo cual aumentaba el aroma. Podía comunicarme cosas inusuales si el aceite venía o no a sus manos. Me dijo algo que necesitaba saber de Yasir Arafat en los días en los que estaba visitando al ahora fallecido líder palestino. Un día nos llamó por teléfono con una palabra profética para nuestra hija, Melissa; el aceite acababa de venir sobre él. Su profecía se cumplió perfectamente ocho años después. Ahora él ya está en el cielo.

Conozco tres casos de personas que fueron resucitadas de los muertos. Las personas involucradas fueron las que me contaron personalmente estos sucesos. Son hombres buenos, dignos de confianza y honorables. También sé de milagros creativos que han sucedido, de profecías sumamente impactantes que fueron cumplidas asombrosamente y de exorcismos sorprendentes. El Espíritu Santo hace estas cosas.

Cuando Abdías se encontró inesperadamente a Elías, Abdías se asustó casi hasta la muerte. Esto fue porque el rey Acab había estado buscando a Elías por todas partes durante tres años. Abdías necesitaba que Elías le garantizara que se presentaría delante de Acab, o si no Abdías estaría en grandes problemas con el rey. Así que le pidió a Elías que hiciera un juramento de que se presentaría delante de Acab porque, dijo Abdías: «¡Qué sé yo a dónde lo va a llevar el Espíritu del Señor cuando nos separemos!» (1 Reyes 18:12). *¿Llevarlo?* ¿Podría el Espíritu del Señor literalmente «llevarse» a Elías? ¿Pasaba ese tipo de cosa en esos días de modo que Abdías pudiera razonar en esa manera? Después de que Elías fue transportado al cielo, algunos pensaron que todavía estaría por allí. «Quizás el Espíritu del Señor lo tomó y lo arrojó en algún monte o en algún valle» (2 Reyes 2:16). ¿Podría esto suceder hoy?

Cuando Arthur Blessitt predicó para mí en la Capilla de Westminster, quedé maravillado por las historias más inusuales que me compartió: todas ellas se encuentran ahora en los libros que ha escrito. Posiblemente la más extraordinaria fue esta: Arthur se encontraba en la Isla Sibuyán, Filipinas. Un día en un pueblo llamado San Fernando de pronto quedó extremadamente cansado y cayó en un profundo sueño. Mientras estaba dormido, estaba —aparentemente— en un pueblo del otro lado de la isla llamado Cajidiocan, a cincuenta millas [80,47 km], entregando pegatinas de Jesús (que decían «Sonríe Dios te ama»). Arthur no había estado para nada en Cajidiocan. Pero sí fue al día siguiente ya que la gente le rogaba que regresara con el fin de orar por un hombre moribundo. Fue hacia allá en un triciclo motorizado. Cuando llegó allí, fue obviamente reconocido por las multitudes. En lo que a la gente respectaba, Arthur ya había estado allí. El jefe de la policía incluso reportó que un hombre con «cabello largo y una barba cargando una cruz» estaba en Cajidiocan, cuando de hecho Arthur estaba dormido en San Fernando a cincuenta millas [80,47 km]. Arthur sabía que no había estado para nada en Cajidiocan. No podría haber estado allí. Primero, estaba dormido en San Fernando a cincuenta millas de allí [80,47 km]. Segundo, era una caminata de tres días cargando la cruz para llegar allá. Pero cuando llegó a Cajidiocan al día siguiente en el triciclo motorizado, las calles estaban llenas de personas esperando verlo. ¡Unos niños llevando pegatinas de Jesús vinieron a él, lo cual «muestra» que Arthur había estado en Cajidiocan el día anterior! Arthur entonces supo que estos reportes debían ser verdad y que no era un sueño o una visión. El día anterior de algún modo había estado… allí. «No sé como explicar cómo sucedió o por qué pasó», me dijo por teléfono mientras estaba escribiendo este capítulo. En todas sus experiencias de cargar la cruz por todo el mundo, este relato fue único. «Solamente sucedió una vez»; en una isla remota donde la gente en general no lee ni escribe. Él ha caminado lo equivalente a una y media veces alrededor del mundo (ostenta el Récord Guiness por la caminata más larga).

Pero hay más. Usted recordará que Arthur estaba siendo llevado en un triciclo motorizado de San Fernando a Cajidiocan para orar por un hombre moribundo. El hombre ya había recibido la extrema unción por parte del sacerdote local. Cuando Arthur llegó, vio a un hombre en una ventana del piso de arriba viéndolo. ¡El hombre bajó corriendo las escaleras para ver a quien él pensó era Jesús! El hombre pensó que había muerto y que estaba en el cielo viendo a Jesús. Era el hombre moribundo por el que Arthur había venido a orar, quien sanó antes de que Arthur llegara a donde estaba él. El hombre hablaba inglés. Incluso le interpretó a Arthur mientras le predicaba el evangelio a estas personas. Arthur me dijo: «Todos por los que oré fueron sanados»; en una isla remota en las Filipinas. ¿Por qué Dios no hace eso en EE. UU. o en Gran Bretaña? Usted puede leer más detalles en el sitio web de Arthur.

Tengo más historias —no acerca de Arthur, pero igualmente inusuales— que le podría contar. ¡Pero temo que no las creería! Y no tengo permiso de contarlas.

Para mayor estudio: 1 Reyes 17:7-24; 2 Reyes 7:1-20; Hechos 9:32-43; 1 Corintios 2:8-9

*Omnipotente Espíritu Santo, como te agradezco que Jesucristo es el mismo ayer, y hoy, y por los siglos. Estoy tan contento de que puedas hacer cosas extraordinarias hoy así como las hiciste en el pasado. Por favor, desciende nuevamente en nuestros días para que el mundo vea lo real que eres. En el nombre de Jesús, amén.*

_____

_____

_____

_____

_____

_____

_____

# EL ESPÍRITU SANTO OBRA SOBRENATURALMENTE

UNA DE LAS mejores descripciones del Espíritu Santo en el Antiguo Testamento se encuentra en estas palabras: «No será por la fuerza ni por ningún poder, sino por mi Espíritu —dice el Señor Todopoderoso— » (Zacarías 4:6). Estas palabras fueron dirigidas a Zorobabel el gobernador de Judá. Se le dijo cómo se lograría la reconstrucción del templo. «Fuerza» probablemente se refiera a una fuerza colectiva; «poder» significa una fuerza individual. En otras palabras, la reconstrucción del templo se llevaría a cabo *sobrenaturalmente;* no algo que se pueda explicar en el nivel natural. La reconstrucción del templo sería una empresa sobrenatural. Porque una vez que el Espíritu Santo es involucrado, significa que uno ha cruzado de lo natural a lo sobrenatural.

Esto no significa que no participemos. Lo hacemos. Pero todo lo que tenemos que hacer es obedecer al Señor. Entonces el Espíritu Santo entra y hace el resto. Por ejemplo, Dios esperó a que Moisés levantara su vara cuando los hijos de Israel se encontraron con el mar Rojo mientras el ejército de faraón estaba persiguiéndolos. Eso fue todo lo que tuvo que hacer. Dios le prometió: Ustedes quédense quietos, que el Señor presentará batalla por ustedes [...] levanta tu vara, extiende tu brazo sobre el mar y divide las aguas, para que los israelitas lo crucen sobre terreno seco» (Éxodo 14:14-16). Entonces Moisés estiró su mano sobre el mar, y toda esa noche el Señor hizo retroceder el mar con un fuerte viento del este y lo convirtió en tierra seca. Los israelitas cruzaron el mar sobre tierra seca, con una pared de agua a su derecha y a su izquierda. Lo único que Moisés hizo fue levantar su vara y su mano. Ese fue el lado natural. El Espíritu Santo hizo la parte sobrenatural.

En una batalla entre Israel y los amalecitas, tan extraño como pueda parecer: «Mientras Moisés mantenía los brazos en alto, la batalla se inclinaba en favor de los israelitas; pero cuando los bajaba, se inclinaba en favor de los amalecitas». Cuando Moisés se cansó, Aarón y Jur sostuvieron sus brazos «uno el izquierdo y otro el derecho, y así Moisés pudo mantenerlos firmes hasta la puesta del sol», y los amalecitas fueron derrotados (Éxodo 17:11-13). Dios intervino sobrenaturalmente. Pero estaba conectado con que Moisés tuviera las manos levantadas.

Este patrón continuó después de que Israel entró a la tierra de Canaán. Algunas veces Dios nos pide que hagamos cosas extrañas que no nos hacen sentido. Dios le dijo a Josué que hiciera que los hijos de Israel marcharan alrededor de la ciudad de Jericó cada día durante seis días. Luego, el séptimo día tenían que marchar alrededor de la ciudad siete veces, con los sacerdotes haciendo sonar las bocinas. Entonces el pueblo debía dar un fuerte grito, que resultó en que las murallas de Jericó se derrumbaran. Hicieron esto como se les ordenó. Probablemente se sintieron tontos. Caminando alrededor de la ciudad. En silencio. Sin armas. Pero el séptimo día después de rodear la ciudad siete veces, *el pueblo dio un fuerte grito*, y las murallas se derrumbaron (Josué 6:1-20). Ellos hicieron la parte fácil; Dios hizo el resto.

Dios más tarde le dijo a Josué: «Apunta hacia Hai con la jabalina que llevas, pues en tus manos entregaré la ciudad» (Josué 8:18). El resultado fue una victoria total para Israel. El Espíritu Santo lo hizo. Pero Josué tenía que sostener la jabalina y apuntarla hacia el lugar de batalla. Siglos después el rey

Josafat estaba siendo desafiado por los amonitas. El Espíritu del Señor vino sobre Jahaziel, quien dijo: «No tengan miedo ni se acobarden cuando vean ese gran ejército, porque la batalla no es de ustedes sino mía» (2 Crónicas 20:15). Los israelitas no hicieron nada excepto cantar al Señor. «Tan pronto como empezaron a entonar este cántico de alabanza, el Señor puso emboscadas contra los amonitas, los moabitas y los del monte de Seír que habían venido contra Judá, y los derrotó» (v. 22). La victoria fue completamente sobrenatural, pero no obstante estuvo inseparablemente conectada con que cantaron al Señor.

Esto es exactamente lo que quería decir la palabra del profeta para Zorobabel. El pueblo todavía tenía que conseguir los materiales para el templo. Tenían que reconstruir los cimientos. Tenían que colocar las piedras. Pero todo *sucedió con facilidad*. Esta es la esencia de la unción del Espíritu Santo; habilita el don de uno para que opere con facilidad.

Juan Wesley dijo que Dios no hace nada sino como respuesta a la oración. No estoy seguro de creer esto completamente, pero el Señor dijo: «Reconócelo en todos tus caminos, y él allanará tus sendas» (Proverbios 3:6). Este versículo es precedido por una verdad crucial que deberíamos recordar cada día de nuestra vida: «Confía en el Señor de todo corazón, y no en tu propia inteligencia» (v. 5). Nuestra inteligencia podría sugerir que los caminos de Dios no hacen sentido. Y el responde: «Porque mis pensamientos no son los de ustedes, ni sus caminos son los míos [...] Mis caminos y mis pensamientos son más altos que los de ustedes; ¡más altos que los cielos sobre la tierra!» (Isaías 55:8-9).

Nosotros hacemos nuestra parte; fuerza y poder operando en el nivel natural. Dios hace su parte; por el Espíritu Santo, haciendo lo sobrenatural. Qué tontos somos cuando discutimos con sus caminos.

Para mayor estudio: Éxodo 14:13-31; 2 Crónicas 20:5-23; Juan 6:63; 2 Corintios 9:6-11

*Bondadoso Espíritu Santo, gracias por ser justo como eres. Por favor, perdóname por dudar de tu Santa Palabra y de tu infinito poder. En tu misericordia concédeme la gracia para ayudar, no confiando en mi propia inteligencia, sino en ti enteramente. En el nombre de Jesús, amén.*

# EL ESPÍRITU SANTO ES EL ESPÍRITU DE VERDAD

¿ALGUNA VEZ SE ha preguntado si la integridad es una virtud que está desapareciendo de la Tierra? ¿Qué le sucedió a la honestidad transparente? Simplemente ser veraz: públicamente y en privado. Decir lo que se quiere decir y querer decir lo que se dice. Cumplir con su palabra.

El Dios de la Biblia es un Dios de integridad. Es imposible que Dios mienta (Hebreos 6:18). Nuestro Señor Jesucristo tiene integridad transparente. El Espíritu Santo es total, concienzuda y completamente honesto. Jesús lo llamó el Espíritu de verdad (Juan 14:17).

Con respecto a Jesús, Él dijo de sí mismo que Él es «el camino, la *verdad* y la vida» (v. 6, énfasis añadido), y así en igualdad el Espíritu Santo es la verdad. Así como es imposible para Dios mentir, nunca olvide que el Espíritu Santo es *incapaz* de mentirle. Él nunca lo engañará.

Jesús mismo estaba lleno de gracia y de «verdad» (Juan 1:14). La verdad significa un hecho. Significa lo que es confiable. Lo que Jesús hace y dice puede ser probado, y Él no lo dejará ser avergonzado. Cuando un milagro era realizado, el enemigo de la verdad era forzado a decir: «No podemos negarlo» (Hechos 4:16). Jesús es integridad transparente. Hoy a veces usamos la expresión «de veras». Es lo que la gente quiere ver en los líderes, lo que la gente anhela en las relaciones: nada de engaño, ni infidelidad, sino honestidad y confiabilidad. Eso es lo que queremos en un amigo: oro puro, de veras.

Jesús es eso. El Dios de la Biblia es eso: sus palabras son «fieles» (2 Samuel 7:28), «son verdaderas: todas ellas son justas» (Salmos 19:9). Así que virtualmente lo primero que dijo Jesús acerca del Espíritu Santo fue que es el «Espíritu de verdad». Esto significa autenticidad, confiabilidad, fidelidad e integridad. También significa verdad teológica. El Espíritu Santo nunca lo guiará a un error. Lo que Él le revele usted puede creerlo y apostar su vida en ello.

Para ponerlo de otro modo, el Espíritu Santo es lo opuesto al diablo. Jesús dijo de Satanás: «No hay verdad en él [...] porque es un mentiroso. ¡Es el padre de la mentira! (Juan 8:44). Él es incapaz de integridad y honestidad. Él existe para engañar. ¿Conoce el sentimiento de ser engañado? ¿Sabe lo que es aceptar a una persona, recomendarla, poner su reputación en la línea por ella y luego descubrir que lo había engañado? Eso puede ser sumamente doloroso.

Jesús le dijo a Pilato: «Todo el que está de parte de la verdad escucha mi voz» (Juan 18:37). Pilato respondió preguntando: «¿Y qué es la verdad?» (v. 38). ¿Pilato hizo esa pregunta porque quería la respuesta? ¿Estaba siendo cínico? ¿Estaba sugiriendo que no sabía lo que es la verdad y que dudaba de si alguien conocía la verdad? Jesús quería decir que hay una verdad que es objetivamente verdadera: esto es, fáctica.

El Dr. Francis Schaeffer usaba la frase: *«verdad verdadera».* Él creía que la Escritura es la verdad verdadera, que es digna de confianza y fiel. Jesús creía en lo que se puede llamar revelación proposicional: que hay un cuerpo de verdad que no cambia. Así que cuando Jesús dijo que todo el que está de parte de la verdad oye su voz, es porque todos los que quieren lo que es *realmente* verdadero y *objetivamente* verdad recibirán a Jesús mismo y sus palabras. Juan dijo: «Nosotros somos de Dios, y todo el que conoce a Dios nos escucha; pero el que no es de Dios no nos escucha. Así distinguimos entre el Espíritu de la verdad y el espíritu del engaño» (1 Juan 4: 6). Entonces, los que tienen el Espíritu Santo en ellos serán atraídos a la verdad dondequiera que esté y estarán dispuestos a probar sus descubrimientos y su opinión con la Escritura.

En resumen: si usted tiene al Espíritu Santo, usted creerá que Jesucristo el Hijo de Dios es el Dios verdadero y que la Biblia es infaliblemente verdad. Una buena pregunta a la cual someterse es esta: ¿Por qué iría usted a la hoguera? ¿Por qué moriría? En mi vejez he concluido que lo único que predicaré es por lo que moriría. Si no vale la pena morir por ello, no vale la pena predicarlo, ni creerlo. Es verdad que hay áreas grises en las que podríamos dar una opinión; p. ej.: escatología (doctrina de los últimos tiempos) o eclesiología (su visión de la iglesia o los sacramentos). Yo no moriría por esos. Pero iría a la hoguera por lo que creo acerca de la persona de Jesucristo, la salvación, la Biblia y el Espíritu Santo. Iría a la hoguera por lo que estoy escribiendo en este libro.

«Todos ustedes, en cambio, han recibido unción del Santo, de manera que conocen la verdad» (1 Juan 2:20). El Espíritu Santo es el Espíritu de *verdad*, y eso significa que seremos guardados del error siempre y cuando tengamos la determinación de hacer la voluntad de Dios. A lo largo de cincuenta años he mantenido en mente Juan 7:17: «El que esté dispuesto a hacer la voluntad de Dios reconocerá si mi enseñanza proviene de Dios o si yo hablo por mi propia cuenta». Esto también muestra que su relación personal con Dios —si quiere hacer su voluntad o no— determinará lo que usted crea.

El Espíritu Santo nunca lo llevará por un mal camino. No necesita tener temor de Él. Quizá Él no sea «inocuo», pero es «bueno».

Para mayor estudio: Malaquías 2:5-8; Juan 14:6-17; 17:17-19; Filipenses 4:6-8

*Precioso Espíritu Santo, estoy tan agradecido de que seas el Espíritu de verdad. De esta manera sé que nunca me dirigirás en la dirección equivocada, que te puedo seguir y saber que no estoy siendo engañado. Gracias por ser justo como eres. En el nombre de Jesús, amén.*

_____

_____

_____

_____

_____

_____

_____

_____

_____

_____

_____

_____

_____

_____

_____

DÍA 23

# EL ESPÍRITU SANTO, USANDO PERSONAS, ESCRIBIÓ LA BIBLIA

T ODA LA ESCRITURA es inspirada por Dios y útil para enseñar, para reprender, para corregir y para instruir en la justicia» (2 Timoteo 3:16). «Porque la profecía no ha tenido su origen en la voluntad humana, sino que los profetas hablaron de parte de Dios, impulsados por el Espíritu Santo» (2 Pedro 1:21).

Lo que usted crea de la Biblia es absolutamente crucial para su vida espiritual. Siempre y cuando usted crea que la Santa Escritura *es* la Palabra de Dios, usted puede ser protegido de herejía (error teológico). *Herejía* es una palabra que no escuchamos mucho en estos días. Algunos piensan que la exactitud teológica es menos y menos importante. Mal. Nunca ha sido más importante en la historia de la iglesia cristiana que hoy. En la década de 1950 emergió un punto de vista en los seminarios y universidades llamado neortodoxia, la «nueva» ortodoxia. Los defensores de esto eran hombres como Karl Barth, Emil Brunner, Paul Tillich y Rudolf Bultmann. Sonaban bien; al principio. Muchos jóvenes estudiantes se enamoraron de ellos. Yo mismo coquetee con esto por un tiempo. Fui enseñado por profesores que habían adoptado la neortodoxia. Dios en su misericordia evitó que sucumbiera. Uno de mis profesores vivió en casa de Brunner (quien vivía en Zúrich, Suiza) y llevaba notas diariamente de Brunner a Barth (quien vivía en

Basilea). Una premisa de la neortodoxia es que la Biblia «contiene» la Palabra de Dios más que la Biblia *es* la Palabra de Dios. He observado el patrón de los que absorbieron esta enseñanza. Un escenario típico era este: primero eran atraídos a Barth o a Brunner. Luego pasaban de Barth a Tillich: el existencialista que llamó a la fe «la última preocupación». Dijo que uno podía ser un ateo y todavía tener fe porque Dios era el «fundamento de todo ser». Entonces pasaban de Tillich a Bultmann, quien dijo que los milagros reportados en la Biblia eran «mitos». Y luego terminaba en la «teología de proceso», la noción de que la verdad no es un cuerpo de proposiciones inmutables sino siempre cambiantes. Que ni siquiera Dios conoce el futuro sino que es «enriquecido» por la creación y espera nuestra reacción con el fin de saber qué hacer después. Sí, vi a estudiantes que venían al seminario quienes siempre habían asumido que la Biblia es verdad pero terminaron desilusionado con un «documento defectuoso». Se convirtieron en teólogos liberales o abandonaron el ministerio enteramente. Eso lo hace a uno llorar. Cuando uno escucha a la gente adoptar el teísmo abierto (teología de proceso con ropaje evangélico) y el universalismo (todos serán salvos y nadie irá al infierno), muestra lo generalizado que esto se ha vuelto. Todo se remite a su visión de la Santa Escritura.

Juan Calvino le dio a la iglesia la enseñanza del «testimonio interno del Espíritu Santo», esto es, cómo saber que la Biblia es la Palabra de Dios. Es el Espíritu Santo el que testifica a su corazón que la Biblia es absolutamente cierta. Con esto venía la enseñanza sumamente importante de la «analogía de la fe», basada en Romanos 12:6 (*analogía*, usualmente traducida como «proporción»). Debemos profetizar o enseñar de acuerdo a la «proporción» de nuestra fe. Esto significaba comparar la Escritura con la Escritura y mantenerse en la Escritura. De esta manera uno descubre lo sorprendente y consistente que es la Biblia.

Cuando fui ordenado al ministerio, el Dr. N. B. Magruder me preguntó: «¿Cuál es más importante —el testimonio externo o interno— con respecto a saber si la Biblia es verdad?». Respuesta: el testimonio interno. El testimonio externo se refiere a lo que *la gente* dice acerca de la Biblia; por ejemplo: los arqueólogos o los críticos del Nuevo Testamento. La única ruta segura es *el camino del Espíritu Santo;* su propio testimonio lo habilita para saber que usted nunca va a ser engañado cuando usted está convencido en su corazón de que la Biblia es verdad y digna de confianza. Le puedo decir que nunca hubiera tenido éxito como expositor de la Escritura a lo largo de los últimos sesenta años de predicar si no fuera porque estoy totalmente convencido de que cada palabra de la Escritura es cierta y que debe ser tomada con la más grave seriedad. Es lo que me ha salvado de volverme liberal.

Jesús tenía la misma visión de la Escritura de la que Pablo y Pedro se asían, a saber: que el Espíritu Santo escribió el Antiguo Testamento. Jesús le preguntó a los fariseos (una pregunta que no le pudieron responder): «—Entonces, ¿cómo es que David, *hablando por el Espíritu*, lo llama «Señor» [Cristo]? Él afirma: «Dijo el Señor a mi Señor: (Siéntate a mi derecha, hasta que ponga a tus enemigos debajo de tus pies.)» Si David lo llama «Señor», ¿cómo puede entonces ser su hijo?» (Mateo 22:43-45, énfasis añadido). Mi punto es: Jesús dijo que David pudo escribir lo que escribió porque el *Espíritu Santo* —en el 1000 a. C.— lo facultó para hacerlo. Y, como vimos antes, ese fue el testimonio de la primera iglesia. Cuando estaban siendo perseguidos, oraron al Señor y dijeron: «Tú, *por medio del Espíritu Santo, dijiste* en labios de nuestro padre David, tu siervo: ¿Por qué se sublevan las naciones y en vano conspiran los pueblos?» (Hechos 4:24, énfasis añadido).

Una cosa más en conexión con esto: El canon de la Santa Escritura está cerrado. Es final. Absoluto. Incontrovertible. Es la revelación completa y final de Dios. Ninguna palabra que venga en el futuro será igual a la Biblia en nivel de inspiración. Esto significa que cualquier *«dirección»*, *palabra profética*, *palabra de conocimiento* o *visión* que uno pueda tener hoy *debe ser coherente con la Santa Escritura*. Si no es así, debe ser rechazada. La razón principal por la que el rey Saúl se convirtió en el hombre del ayer y que fue rechazado por Dios fue porque pensó que estaba por sobre la Palabra de Dios. Cuando ofreció el holocausto, sabía que estaba yendo en contra del mandato de Moisés de que solamente el sacerdote llamado por Dios podía ofrecer las ofrendas quemadas. Y aun así afirmó que «me vi forzado» (1 Samuel 13:12). Cada vez que una persona afirma hablar de parte de Dios, afirmando «El Señor me dijo», y va en contra de la Escritura, usted puede con toda seguridad, cómoda y garantizadamente rechazar la palabra de esa persona, ¡sin importar lo verosímil que esa persona pueda parecer!

El Espíritu Santo se responsabiliza de la autoría de la Biblia. Por supuesto que usó personas. Pero el *asunto* es responsabilidad final del Espíritu Santo. El mismo Espíritu Santo puede hablar hoy en varios niveles. Pero ningún nivel de inspiración igualará la inspiración de la Biblia; jamás.

Para mayor estudio: Juan 5:39-47; Hechos 4:24-31; 2 Timoteo 3:15-16; 2 Pedro 1:21

*Bendito Espíritu Santo, te agradezco por la Biblia, la Palabra infalible de Dios. Gracias por lo que escribiste en ella, usando a personas. Por favor, mora en mí en una medida cada vez mayor con el fin de que tu Palabra sea cada vez más y más real para mí. En el nombre de Jesús, amén.*

# EL ESPÍRITU SANTO ES NUESTRO MAESTRO

HE TENIDO VARIOS mentores, probablemente unos diez. A menudo he deseado escribir un libro acerca de ellos. El problema es que no son conocidos, y escribir un libro como ese significaría más para mí que para el lector. Pero la notable excepción es el Dr. Martyn Lloyd-Jones. Me enseñó a través de sus libros por años y luego me alimentó a cucharadas semana tras semana durante mis primeros cuatro años en la Capilla de Westminster. Él fue mi mentor principal. Me enseñó la diferencia entre el testimonio directo e indirecto del Espíritu. Más que nadie, me enseñó cómo pensar. Dicho lo anterior, el mayor maestro de todos es el Espíritu Santo.

«Les enseñará todas las cosas», dijo Jesús (Juan 14:26). «No necesitan que nadie les enseñe. Esa unción es auténtica —no es falsa— y les enseña todas las cosas. Permanezcan en él...» (1 Juan 2:27).

El Espíritu Santo es nuestro maestro en básicamente dos formas: directamente e indirectamente, un concepto de lo más importante. Si Él nos enseña directamente, entonces, «no necesitan que nadie les enseñe». El Espíritu Santo es sumamente capaz de enseñarnos de ese modo, y es una cosa maravillosa que suceda. Esto fue lo que me sucedió cuando iba conduciendo mi coche el 31 de octubre de 1955 (como lo mencioné el Día 19). Las cosas que me han sido enseñadas directamente, anteriormente me habían sido ajenas; por ejemplo que yo había sido salvo eternamente y escogido desde la fundación del mundo. Yo no habría podido pensar eso en mi propia mente. A mí me habían enseñado lo opuesto, que tal enseñanza de hecho había «salido del infierno» (no estoy bromeando). ¿Entonces, como llegué a ella? Por la enseñanza directa del Espíritu Santo.

Sea la enseñanza indirecta o directa, el Espíritu Santo solamente nos enseña lo que somos capaces de recibir. Jesús tenía mucho más que les podía haber enseñado a los Doce pero sabía que no eran capaces de absorber más (Juan 16:12). No solo eso, sino que además el Espíritu Santo nunca nos hace sentir culpables cuando somos lentos en entender cosas. Mi maestra de primer año (cuando yo tenía seis años) se paraba detrás de mí y me sacudía los hombros súbitamente en frente del resto del grupo cuando leía mal una palabra o una oración. He tenido problemas serios para concentrarme al leer desde entonces. Estaba enfermo en casa y no pude asistir a la escuela los primeros días de mi clase de álgebra. El maestro nunca se ofreció a ayudarme a regularizarme, y el resultado fue que nunca —jamás— pude entender bien el álgebra. Mi entrenador de baloncesto una vez me lanzó una pelota que me golpeó en la boca del estómago y me dejó sin aliento un rato. Yo estaba esperando que me mandara un pase suave. Después de eso me daba miedo dejar que me enseñara algo. Pero Jesús nunca comete errores como esos.

La enseñanza indirecta se refiere a la manera en que el Espíritu Santo *aplica* lo que leemos o escuchamos. Es cuando el Espíritu aplica la Palabra de Dios a medida que la leemos. Es cuando el Espíritu aplica la predicación, la enseñanza, el blog, el poema, la amorosa palabra de aliento de un amigo, lo que leemos en un libro o cuando cantamos un himno o coro. Sucede que, esta misma mañana en mi tiempo a solas con Dios canté el himno «Be Still, My Soul» [Alma mía, reposa] con la melodía de «Finlandia». Solamente Dios (y Louise, que estaba conmigo) sabe lo que esas palabras significaron para mí en este día en particular. ¡Fue como si hubieran sido escritas para mí! El Espíritu Santo esta obrando aplicando este gran himno.

La represión o la disciplina es la enseñanza indirecta del Espíritu Santo. La palabra *represión* proviene de una palabra que significa aprendizaje forzado: lo que se necesite para obtener nuestra atención. Es el Plan B de Dios al tratar con nosotros. El Plan A es lo que debemos escuchar de Dios a través de su Palabra. ¡Esa es la mejor manera de tener resuelto nuestro problema espiritual! El Plan B es cuando recurre a medidas más dolorosas que tener que obedecer su Palabra; como cuando se nos requiere que salgamos de nuestra zona de comodidad. El Espíritu Santo puede usar la enfermedad, un revés financiero, el retraso de la vindicación o perder a un amigo. O incluso ser tragado por un gran pez, como aprendió Jonás. Porque el Señor disciplina a los que ama (Hebreos 12:6). Pero sabe cuánto podemos soportar.

El Espíritu Santo es nuestro mejor maestro y el único confiable. De hecho, Él es el único maestro que finalmente importa. Sin importar la enseñanza que usted escuche o lea (incluyendo este libro), sin importar quien sea el predicador o maestro, si el Espíritu no lo aplica ni le da testimonio a su corazón (que es muy capaz de hacer), usted debería aprender a mantener esa enseñanza en reserva, si no es que a desecharla.

Precaución: sea que usted esté aprendiendo de él directa o indirectamente, el Espíritu Santo solamente da testimonio de la *verdad* y guía a ella. Hemos visto que los mejores de los maestros humanos cometen errores. Nuestros mejores mentores no son infalibles. Todos debemos ser como los de Berea que «todos los días examinaban las Escrituras [en este caso el Antiguo Testamento] para ver si era verdad lo que se les anunciaba» (Hechos 17:11). En esos días, Pablo era un *desconocido;* no tenía la estatura entonces que tiene ahora. Cualquiera que le diga: «Créalo porque lo digo yo», no le está haciendo ningún favor y probablemente sea una persona insegura.

El Espíritu Santo no es inseguro. No tiene nada que probar. Solamente quiere lo mejor para usted.

Para mayor estudio: Éxodo 33:7-23; Salmos 119:65-72; 2 Timoteo 4:1-5; Hebreos 5:11-6:2

*Oh, Espíritu Santo, mi más grande maestro, gracias por tenerme paciencia. Siento que tengo mucho que aprender. Gracias por tu paciencia. No te rindas conmigo. Enséñame todo lo que pueda saber que le traiga gran honor y gloria al altísimo y omnisciente Dios. En el nombre de Jesús, amén.*

_____

_____

_____

_____

_____

_____

_____

_____

_____

DÍA 25

# EL ESPÍRITU SANTO PUEDE SER AGRAVIADO

UNA DE LAS enseñanzas más descuidadas actualmente es la herencia cristiana. Cada creyente es llamado a venir a su herencia. Algunos lo hacen; otros (tristemente) no. La palabra *herencia* puede ser utilizada de manera intercambiable con «recompensa» (1 Corintios 3:14), «premio» (1 Corintios 9:24), o «corona» (2 Timoteo 4:8). Los que han venido a su herencia aquí en la Tierra recibirán una recompensa en el tribunal de Cristo (2 Corintios 5:10). Los que disipen su herencia serán salvos, pero como quien pasa por el fuego sin recompensa (1 Corintios 3:15). La recompensa era de gran importancia para Pablo. Dijo que dominaba su cuerpo no fuera que después de haber predicado a otros él mismo quedara descalificado (1 Corintios 9:27).

Usted puede entrar en su herencia al obedecer cuidadosamente la Palabra de Dios; caminar en la luz, resistir a la tentación, perdonar a sus enemigos y honrar a Dios en pensamiento, palabra y obra. Puede ser resumido de esta manera: descubra lo que *agravia* al Espíritu Santo y *no lo haga*. La enseñanza más importante que descubrí en mis veinticinco años en la Capilla de Westminster fue la importancia de no agraviar al Espíritu Santo. Su herencia acá abajo —ver cumplida la voluntad de Dios en su vida y terminar bien— es asegurada según el grado en que el Espíritu Santo *no sea agraviado*.

«No agravien al Espíritu Santo de Dios, con el cual fueron sellados para el día de la redención» (Efesios 4:30). Usted recordará por un segmento anterior en este libro que el Espíritu Santo es una persona. Puede ser *agraviado*. La palabra griega *lupeo* puede significar: «ser ofendido». ¿Qué ofende al Espíritu Santo? Principalmente la amargura. Lo siguiente que Pablo dice es: «Abandonen toda amargura, ira y enojo, gritos y calumnias, y toda forma de malicia. Más bien, sean bondadosos y compasivos unos con otros, y perdónense mutuamente, así como Dios los perdonó a ustedes en Cristo» (Efesios 4:31-32).

He escrito todo un libro sobre este tema, llamado *The Sensitivity of the Spirit* [La sensibilidad del Espíritu]. No sensibilidad *al* Espíritu, aun con lo importante que eso es; este libro trata de lo sensible que es la *persona* del Espíritu Santo mismo. Quería titular mi libro *La hipersensibilidad del Espíritu*, pero mi editor me convenció de que no lo hiciera, sabiendo que la gente no tendría idea de lo que esto significa. Cuando nos referimos a una persona que es demasiado sensible, no es un cumplido. ¡Pero nos guste o no, así es como es el Espíritu Santo! Es importante que usted capte esto: lo fácil que es agraviarlo, ofenderlo. Usted quizá diga: «No debería ser así». Todo lo que sé es que así es Él, ¡y es el único Espíritu Santo que tenemos! Cuando piensa en esto —enojarse, perder los estribos, gritar cuando se frustra, hablar de manera impaciente o poco amable a una persona, guardar rencor o señalar con el dedo— ¡estas cosas agravian al Espíritu Santo!

¡El problema es que a muchas personas estas cosas no parecen molestarlas! Deberían. Si somos conscientes de la sensibilidad *del* Espíritu Santo, desarrollaremos una aguda sensibilidad *a* Él y podremos (en una medida cada vez mayor) escuchar su voz. Antes de llegar a ser rey, David necesitaba aprender esto. Cuando tuvo la oportunidad de vengarse del rey Saúl, quien quería matarlo, David sabiamente rechazó la oportunidad. Pero hizo algo que pensó era inofensivo; a saber: cortó un pedazo del manto del rey. Después le «remordió la conciencia» por lo que había hecho (1 Samuel 24:5). Jamás repitió ese pecado. Esto es lo que quiero decir con mi comentario anterior de encontrar lo que agravia al Espíritu Santo y *no hacerlo*. En cualquier caso, debemos aprender a reducir el tiempo de espera entre el pecado y el arrepentimiento. Si desarrollamos una aguda sensibilidad a los caminos del Espíritu Santo, podremos ser capaces de *sentir* cuando lo agraviamos. Cuando siento lo que agravia exactamente al Espíritu, no soy capaz de repetirlo. Como dije anteriormente, la principal manera de agraviarlo es a través de la amargura y la falta de perdón. Evitar la amargura, guardar resentimiento y perder los estribos viene por vivir en amor: «no guarda rencor» (1 Corintios 13:5).

En 1974 mi familia y yo visitamos a Corrie ten Boom (1892-1983) en Holanda. Le pregunté: «¿Es verdad que usted es carismática?». Sin decir sí o no, sin decir otra cosa respondió: «Primera de Corintios 12 y 1 de Corintios 14. Pero no olvide 1 Corintios 13». Era una manera astuta de decir que necesitamos ambos, los dones y el fruto del Espíritu Santo.

Cuando se trata de agraviar al Espíritu Santo, lo siento mucho, pero el no va a flexionar las reglas por cualquiera de nosotros. No importa lo alto que sea su perfil, lo preparado que este, cuánto ore y lea su Biblia o el tiempo que tenga de ser cristiano. Si usted o yo, guardamos rencor, respondemos agresivamente a nuestro cónyuge, señalamos con el dedo o hablamos mal de alguna persona (aunque sea la verdad), la Paloma —el Espíritu Santo— se agraviará. Las buenas noticias es que no perdemos nuestra salvación cuando agraviamos al Espíritu. ¿Por qué? Porque fuimos sellados para el día de la redención (Efesios 4:30). La mala noticia es que nuestra unción disminuye; esto es, la sensación de su presencia. No podemos pensar con tanta claridad, la lectura de la Biblia se vuelve aburrida, la iluminación de la Escritura es restringida y nos volvemos irritables. ¡No vale la pena agraviar al Espíritu Santo!

¿Hay alguna persona a la que no haya perdonado? ¿Está guardando rencor contra una persona que lo haya lastimado, haya mentido acerca de usted o que haya sido injusta con usted? ¡Perdónelos! *Hágalo ahora.* Quizá pregunte: «¿Cómo puedo saber que los he perdonado totalmente?». Primero, no le diga a nadie lo que le hicieron. Segundo, no los deje tener miedo de usted. Tercero, ayúdelos a perdonarse a sí mismos. Cuarto, permítales salvar la dignidad (en lugar de embarrárselos en la cara). Quinto, no revele su secreto más vergonzoso. Sexto, hágalo ahora, de nuevo mañana y diez años a partir de ahora. El perdón total es un compromiso de por vida. Finalmente, ore por ellos, pidiéndole a Dios sinceramente que los bendiga.

Haga estas cosas, y el Espíritu Santo *no agraviado* descenderá sobre usted y le dará paz, gozo y una mente clara. Lo mejor de todo es que entrará en su herencia.

Para mayor estudio: Génesis 45:1-8; 1 Samuel 24:1-7; Efesios 4:29-5:5; 1 Pedro 2:21-25

*Precioso Espíritu Santo, siento mucho haberte agraviado. Te pido tu perdón. Y ahora te pido que bendigas a esa persona que me ha lastimado. Gracias por esta palabra proveniente de ti, y gracias por redargüirme de mi pecado. En el nombre de Jesús, amén.*

# EL ESPÍRITU SANTO
# PUEDE SER APAGADO

E L ESPÍRITU SANTO es ilustrado en el Nuevo Testamento en por lo menos cinco maneras: la paloma, el fuego, el aceite, el viento y el agua. El agua limpia. Se dice que nuestros cuerpos son lavados con «agua pura» (Hebreos 10:22). La paloma tiene que ver con la sensibilidad del Espíritu Santo. La paloma es un ave tímida y sensible. Cuando la paloma vino sobre Jesús y *permaneció* (Juan 1:32-33), mostró que Jesús jamás agraviaba al Espíritu, como demuestro en mi libro *The Sensitivity of the Spirit* [La sensibilidad del Espíritu]. Con respecto al aceite, esto es algo para lo cual uno debe prepararse. Además, las vírgenes prudentes tomaron aceite en sus vasijas; las insensatas no (Mateo 25:3-4). Con respecto al viento que ilustra al Espíritu, el viento no puede ser controlado; está fuera nuestras manos. Cuando el viento decide soplar, nada lo detendrá. En cualquier caso, hay por lo menos tres referencias al viento en el Nuevo Testamento: (1) en el Día de Pentecostés (Hechos 2:2); (2) en las palabras de Jesús para Nicodemo: «El viento sopla por donde quiere» (Juan 3:8); y (3) en la inspiración de las Santas Escrituras (2 Timoteo 3:16).

Apagar al Espíritu se refiere al fuego; fuego que ya está quemando. No se puede apagar un fuego a través de derramar agua si no hay nada allí. Por lo tanto, apagar el Espíritu implica que el Espíritu está en operación, pero uno puede apagarlos;

esto es, apagar el fuego. Dicho lo cual, creo que es posible apagar al Espíritu antes de que haya tenido la oportunidad de obrar, quizá como derramar agua sobre madera antes de que pueda encenderse, como mostraré adelante.

Solamente hay una referencia explícita a apagar el Espíritu en el Nuevo Testamento: «No apaguen el Espíritu» (1 Tesalonicenses 5:19), «No apaguen el fuego del Espíritu» (RVR 1960). ¿Cuál es la diferencia entre agraviar al Espíritu y apagar el Espíritu? Ciertamente casi se traslapan. Pero hay una diferencia, y probablemente es esta: agraviamos al Espíritu principalmente por nuestras relaciones entre nosotros, como juzgar a los demás y la falta de perdón; apagamos al Espíritu principalmente cuando tenemos prejuicios en contra de la manera en que el Espíritu podría estarse manifestando o por no respetar su presencia. A menudo es el temor lo que yace detrás de apagar al Espíritu Santo. Pero también podría ser sentirse satisfecho con uno mismo. Son principalmente los cristianos quienes apagan al Espíritu Santo; después de todo, las palabras «no apaguen al Espíritu» son dirigidas a cristianos. Pero usted no necesita ser salvo para apagar al Espíritu.

Todos los ejemplos que siguen tuvieron en común que apagaron al Espíritu. Primero, los gnósticos. Nunca se convirtieron y eran una gran amenaza para la fe cristiana. No creían que Jesucristo hubiera venido en la carne (1 Juan 2:19-22). Entraron a la iglesia por la puerta trasera e implacablemente apagaban al Espíritu a través de infiltrarse entre ellos (Judas 1:4). Estos eran «escollos ocultos (manchas ocultas) en los ágapes de ustedes (fiestas espirituales de amor), cuando banquetean con ustedes sin temor» (Judas 1:12, NBLH).

Otro enemigo de la iglesia eran los judaizantes. Estos eran judíos que hacían profesiones de fe pero que insistían en que todos los gentiles se circuncidaran. Odiaban a Pablo y todo lo que representaba. No solamente apagaban al Espíritu sino que casi arruinaron a los Gálatas. Cualquiera que le impone la

Ley Mosaica a los creyentes se arriesga seriamente a apagar al Espíritu Santo. Los gálatas, aunque se habían convertido claramente, estaban en un cautiverio terrible. Por eso es que Pablo fue firme: «Cristo nos libertó para que vivamos en libertad. Por lo tanto, manténganse firmes y no se sometan nuevamente al yugo de esclavitud» (Gálatas 5:1). Porque «donde está el Espíritu del Señor, allí hay libertad» (2 Corintios 3:17).

Eran definitivamente los verdaderos cristianos los que apagaban al Espíritu Santo en la iglesia de Corinto. Se reunían en las casas para celebrar la Cena del Señor. Pero ciertos cristianos de clase media tomaron el control. No querían molestarse en esperar a los miembros más pobres que tenían que trabajar tarde y que por lo tanto llegaban después de que terminaba la Cena del Señor (1 Corintios 11:21). Dios juzgó a estos cristianos de clase media con debilidad, enfermedad y muerte (v. 30). Ananías y Safira apagaron al Espíritu, lo cual resultó en su muerte, cuando mintieron en la presencia de Dios (Hechos 5:1-11).

En mi libro *Fuego santo* hablo acerca de una enseñanza falsa llamada «cesasionismo»: una teoría manufacturada que afirma que lo milagroso «cesó» hace unos dos mil años por decreto del mismo Dios. Esta gente sostiene que el Espíritu Santo no se manifiesta, no se manifestará y que no se puede manifestar hoy a través de los dones del Espíritu. Por lo tanto, cuando los individuos se adhieren al cesasionismo, el Espíritu Santo es virtualmente apagado antes de que se le dé la oportunidad de mostrar su poder; es como derramar agua en madera que no puede quemar.

No se sienta amenazado por el Espíritu Santo. Algunos podrían decir que el Espíritu Santo es un «caballero». ¡No estoy seguro de estar de acuerdo con eso todo el tiempo! Aunque estoy seguro de que no necesita sentirse amenazado por Él, quizá no sea tan *lindo* como algunos podrían esperar. El Dr. Lloyd-Jones decía a menudo que el problema con el ministerio hoy era que tenía «demasiados hombres lindos» en él. El Espíritu Santo quizá le pida algo que no estaba en su pantalla de radar. Atrás en 1982 tome la decisión de renunciar a mi aspiración de ser un gran teólogo y en lugar de ello estar dispuesto a tomar las calles para repartir tratados; ¡no que esté sugiriendo que sean mutuamente exclusivos! Comencé a hablar con personas totalmente extrañas y con los transeúntes acerca del Señor. ¡Era tan embarazoso! Pero nunca vi hacia atrás.

Así que yo no digo que Dios no le vaya a pedir algo que lo lleve más allá de su zona de comodidad. Usted quizá de hecho tenga que dejar su zona de comodidad. Pero puedo prometerle esto: siga al Espíritu Santo a través de ser totalmente abierto a Él; usted estará por siempre agradecido. En cualquier caso, por favor no apague al Espíritu Santo; ni derrame agua sobre la madera de modo que el fuego no la pueda quemar.

Para mayor estudio: Hechos 8:18-24; 1 Corintios 11:17-21, 27-32; Gálatas 3:1-5; Judas 1:4-13

*Oh, Espíritu Santo, por favor prevalece en mi vida de modo que jamás apague el fuego que has hecho quemar. Que yo nunca derrame agua sobre la madera que quieres encender. Te pido doblada la rodilla que vengas sin apagar en mi corazón y mantente allí sin obstáculo de mi parte. En el nombre de Jesús, amén.*

_____

_____

_____

_____

_____

_____

## DÍA 27

# EL ESPÍRITU SANTO
# CONVENCE DE PECADO

«Convencerá al mundo de su error en cuanto al pecado, a la justicia y al juicio» (Juan 16:8). Solamente el Espíritu Santo puede hacernos ver nuestro pecado, nos muestra la necesidad de la justicia y la urgencia por el evangelio: de que hay juicio. Una persona no puede ser convencida de estas cosas por su propia cuenta. Se necesita al Espíritu para sacudirnos por completo.

Esto es cierto antes y después de nuestra conversión. No podemos ver nuestro pecado o la seriedad de la incredulidad antes de nuestra conversión; todos nos sentimos justos por nosotros mismos. Se requiere al Espíritu Santo para hacernos ver la dolorosa verdad; que lo hemos agraviado por pensar de nosotros mismos que somos justos y por nuestra incredulidad, y vamos a rendir cuentas de nuestra vida en el tribunal de Cristo. Incluso después de la conversión debemos tener cuidado con pensar de nosotros mismos que somos justos. Por eso es que Juan dijo, al escribirle a los cristianos: «Si afirmamos que no tenemos pecado, nos engañamos a nosotros mismos y no tenemos la verdad» (1 Juan 1:8). También esa es la razón por la que es bueno orar diariamente el Padrenuestro, recordando la petición: «Perdónanos nuestros pecados, porque también nosotros perdonamos a todos los que nos ofenden» (Lucas 11:4).

116

El Espíritu nos muestra nuestro pecado, pero también nos lleva a ver la necesidad de justicia; de la que solo hay dos tipos:

1. La justicia que se nos imputa cuando creemos el evangelio, llamada fe salvífica.
2. La justicia que nos fue impartida a medida que vivimos ahora en él (Colosenses 2:6), llamada fe persistente.

La justicia está conectada con la ascensión de Jesús («Porque voy al Padre y ustedes ya no podrán verme», Juan 16:10) en parte porque la predicación del evangelio no comenzó hasta que Jesús murió, se levantó de la tumba y ascendió a la diestra del Padre.

Pero ¿qué es el «juicio» del que el Espíritu promete convencernos? Dos cosas. Primero, es un recordatorio de la ira de Dios. Después de que Pablo dijo que «no me avergüenzo del evangelio» (Romanos 1:16), dio la verdadera razón por la que la gente necesita ser salva: «La ira de Dios viene revelándose desde el cielo contra toda impiedad e injusticia de los seres humanos» (Romanos 1:18). El asunto es este: ¿Por qué ser cristiano? Algunos dicen: «Usted estará mucho mejor». «Será una persona más feliz». «Podrá disfrutar la prosperidad». «Le ayudará a su matrimonio». Y una tras otra vienen las diferentes sugerencias. Pero la razón *real* por la que una persona debería ser cristiana es debido a la ira de Dios. El mensaje más temprano del Nuevo Testamento fue de Juan el Bautista, advirtiéndonos a «escapar del castigo que se acerca» (Mateo 3:7).

Segundo, es una referencia al Día Final, cuando el Juez de toda la tierra haga justicia (vea Génesis 18:25). Satanás es la causa de todo el mal y la injusticia en este mundo. La muerte de Jesús tomó a Satanás por sorpresa (1 Corintios 2:8) y no solamente pronunció su caída, sino que predijo el día de su juicio. La muerte fue derrotada por la muerte de Jesús (Hebreos 2:14), lo cual es la razón por la que Jesús dijo: «El príncipe de este mundo ya ha sido juzgado» (Juan 16:11). La gente a menudo pregunta: «¿No hay justicia en este mundo?». Respuesta: Algunas veces la hay, pero no cuente con ello. «La vida no es justa», dijo John F. Kennedy. Pero un día Dios abiertamente traerá sobre Satanás su fin. Dios explicará la razón del mal y del sufrimiento. Todo será puesto debajo de los pies de Jesús. Satanás mismo será «arrojado al lago de fuego y azufre» (Apocalipsis 20:10). El Espíritu Santo convence de esta verdad, testificando que Satanás ha sido juzgado y además que su juicio viene.

Por esta razón, «todos» deberemos comparecer delante del tribunal de Cristo y rendir cuentas de las cosas que hemos hecho en el cuerpo, sean buenas o malas (2 Corintios 5:10). Por lo tanto, el Espíritu Santo convence del juicio final. El efecto que esto debería tener en nosotros es temor piadoso. Tan pronto como Pablo mencionó comparecer delante del juicio, mencionó el «temor» del Señor («Así que estando ciertos de aquel terror del Señor», 2 Corintios 5:11, JBS). La referencia al juicio también señala a la enseñanza que ha sido descuidada del castigo eterno. Cuando Pablo testificó delante de Félix, hablo del «juicio venidero». Feliz tuvo miedo. Tembló (Hechos 24:25). En tiempos de gran avivamiento a menudo hay avivamiento de la enseñanza del juicio y el castigo eterno. Y no obstante, solamente el Espíritu Santo puede hacer que esta verdad sea aterradora. Si Él no viene a un lado cuando se predica tal cosa, la gente queda sin afectarse.

Algunas personas dicen: «Si no hubiera cielo ni infierno, seguiría siendo cristiano». Sé lo que quieren decir con eso. Pero Pablo vehementemente está en desacuerdo. Diría que ese tipo de pensamiento es pura tontería. «Si hemos esperado en Cristo para esta vida solamente, somos, de todos los hombres, los más dignos de lástima» (1 Corintios 15:19). Pablo sufrió tanto desde el día en que fue salvo que no tendría razón de vivir si no fuera por un cielo venidero. Estas son las noticias más maravillosas: estamos camino al cielo. Por eso es que Jesús murió (Juan 3:16).

Cuando el Espíritu Santo nos convence como Jesús prometió que lo haría, nos convencemos de lo que finalmente importa; y descubrimos, por lo tanto, la razón real por la que la gente necesita ser salva.

Para mayor estudio: Mateo 3:1-10; Juan 3:3-16; Romanos 1:16-20; 2 Corintios 5:10-21

*Espíritu Santo de gloria y gracia, gracias por mostrarnos el evangelio: por qué fue enviado a este mundo, por qué murió y cómo podemos ser salvos. Líbranos de los pensamientos superficiales acerca de la razón real por la que Jesús murió y por la que la gente necesita ser salva. En el nombre de Jesús, amén.*

DÍA 28

# EL ESPÍRITU SANTO
# ES NUESTRA GUÍA

«**É**L LOS GUIARÁ a toda la verdad» (Juan 16:13). A menos que usted sea guiado a ver la verdad por el Espíritu, usted nunca la verá. «El que no tiene el Espíritu no acepta lo que procede del Espíritu de Dios, pues para él es locura. No puede entenderlo, porque hay que discernirlo espiritualmente» (1 Corintios 2:14). Sin el Espíritu probablemente pensaríamos que es nuestro gran cerebro lo que evita que veamos lo que está allí. Solamente por la guía del Espíritu Santo podemos entender la Biblia y luego experimentar el gozo del Espíritu.

Mi pasatiempo durante muchos años fue pescar macabijos en los Cayos de Florida. Los macabijos (son peces huesudos y virtualmente no son comestibles) son astutos, asustadizos, difíciles de ver, rápidos como relámpagos, que nadan en aguas poco profundas y que son muy divertidos de atrapar. El promedio de tamaño es de entre seis y ocho libras [2,72 a 3,63 kg]. Pero si nunca lo ha intentado, es poco sabio hacerlo la primera vez sin un guía profesional. Cuando escuché esto la primera vez, me rehusé a contratar al guía. Primero, no quería pagar sus honorarios. Segundo, no quería admitir que *necesitaba* un guía. Pero después de varios fracasos por mi propia cuenta me rendí y contraté un guía. ¡Lo gracioso fue que me llevó a los mismos lugares exactamente en Largo Sound donde había estado pescando durante meses sin ver un solo macabijo! Con este tipo de pesca —que requiere acecharlos y verlos antes de que ellos lo vean a usted— es imperativo verlos antes de que les eche la línea. ¡Pero yo ni siquiera había visto al primero! ¡Pero con el guía los vi en un instante! Nunca lo olvidaré. Finalmente pude verlos. Y aun así yo jamás había visto uno por mi cuenta sin un guía.

El Espíritu nos «guía» a la verdad; mostrándonos lo que está *allí* pero que no se puede ver sin que Él abra nuestros ojos. Admitir que necesita al Espíritu Santo es algo que vuelve humildes a los soberbios. ¿El costo? Que nuestra soberbia sea hecha pedazos. Pero una vez que somos quebrantados y facultados para ver nuestra necedad, el Espíritu nos mostrará cosas maravillosas en la Escritura.

Sucedió que estuve recientemente en Bimini, Bahamas, para pescar un poco de macabijos. Contraté a un guía maravilloso: «Tommy Macabijo». A pesar de saber verlos (en el pasado), me di cuenta de cuánto había olvidado sobre cómo detectarlos, incluso en agua diáfana como el cristal de solamente un pie [30,48 cm] más o menos de profundidad. De hecho, la mayoría de los pescados que atrapé ni siquiera los vi; Tommy me decía dónde echar la línea, y yo entonces los atrapaba. ¡Me sentí tan tonto!

Algunas veces los cristianos experimentados —que sabemos teología sana— necesitamos humillarnos y admitir nuestra necesidad para mayor iluminación por parte del Espíritu. Necesito al Espíritu Santo más que nunca. He estado leyendo la Biblia durante unos setenta años. La he leído completa unas cuarenta veces. Pero algunas veces siento que apenas comienzo a conocer a Dios y su Palabra. Nunca crecemos lo suficiente como para ya no necesitar la Guía Celestial que nos lleve a la verdad que nunca habíamos visto antes, pero que siempre ha estado allí.

No olvide lo más importante según Jesús: el Espíritu Santo nos guía a toda la *verdad*. La verdad mencionada aquí es verdad objetiva; no la opinión subjetiva de alguien. Esto significa que si el Espíritu Santo me guía y el Espíritu Santo lo guía, llegaremos a la misma posición doctrinal. Hay una fe; la fe encomendada de una vez por todas a los santos (Judas 1:3). Por ejemplo, estaremos de acuerdo que Jesús de Nazaret es el Mesías que fue profetizado en el Antiguo Testamento. Creeremos que Él fue el *Logos* eterno que estaba con Dios y que Dios lo «envió» a este mundo. Nació de una virgen. Vivió sin pecado. Su muerte en la cruz fue por nuestros pecados. Fue resucitado de los muertos. Envió al Espíritu Santo para hacer todo lo que fue prometido de Él. Lo que es más, ¡viene de nuevo!

*Esta es verdad objetiva.* Es a lo que el Espíritu Santo guiará a cada creyente a abrazar. Eso es lo que quiere decir que el Espíritu Santo sea nuestra guía. También tenemos su guía en otras cosas. «Reconócelo en todos tus caminos, y él allanará tus sendas» (Proverbios 3:6). Pero lo principal que Jesús tenía en mente con respecto a que el Espíritu Santo fuera nuestra guía es que Él nos guía a la verdad. Nunca seremos engañados si lo escuchamos y lo seguimos.

Para mayor estudio: Salmos 119:30-48; Isaías 58:11; Gálatas 1:6-9; 1 Juan 4:1-6

*Espíritu Santo de verdad, te agradezco que nunca me vas a descarriar o a engañarme. Estoy agradecido por que es imposible que mientas. Te pido que me corrijas donde no he entendido bien. Sálvame de estar a la defensiva para que no erre el blanco. De hecho, guíame a toda la verdad. En el nombre de Jesús, amén.*

# EL ESPÍRITU SANTO SOLAMENTE DICE LO QUE EL PADRE LE DA QUE HABLE

Q UIZÁ RECUERDE QUE en nuestro primer segmento (Día 1: «El Espíritu Santo es Dios») mencioné que hay himnos y canciones que se dirigen al Espíritu Santo y lo alaban. Estas ponen inquietos a algunos cristianos, todo por una traducción defectuosa de Juan 16:13 en lo que probablemente sea la traducción de la Biblia en inglés mejor conocida. En muchas maneras todavía prefiero la King James. Pero ninguna versión es perfecta.

Estas palabras de Jesús, que se refieren al Espíritu Santo son: «No hablará por su propia cuenta sino que dirá sólo lo que oiga» (Juan 16:13). La versión King James en inglés es tristemente famosa por traducir este versículo como: «no hablara de sí mismo»*, que es una de las traducciones más desafortunadas en la historia de la traducción bíblica. Señalé que ha llevado a buenas personas a inferir que deberían apenas (si es que alguna vez) mencionar al Espíritu Santo, no sea que digan lo que el Espíritu mismo jamás permitiría. Esto es un error. ¡Después de todo, el Espíritu Santo escribió el Nuevo Testamento! ¡Así es como sabemos acerca del Espíritu Santo!

---

* Traducido directamente del inglés.

La traducción correcta de Juan 16:13 *no* es que el Espíritu Santo no hablará de sí mismo, sino que no hablará «por su propia cuenta», o «por su propia autoridad» como dice en inglés la ESV\*. Esto significa que solamente comunica lo que el Padre le dice que diga. Esto es lo que el versículo significa. Nunca tema hablar del Espíritu Santo. Eso es exactamente lo que el Padre y el Hijo quieren que haga.

El Espíritu Santo, de hecho, tenía la misma relación con el Padre que Jesús tenía. Jesús dijo: «Ciertamente les aseguro que el hijo no puede hacer nada por su propia cuenta, sino solamente lo que ve que su padre hace, porque cualquier cosa que hace el padre, la hace también el hijo» (Juan 5:19). Esto significa que Jesús tomaba su dirección del Padre: qué decir, adónde ir, cuándo sanar, cuándo responder. Él no hacía *nada* sin recibir luz verde del Padre. Por lo tanto, todo lo que Jesús hizo fue orquestado en el cielo por el Padre. El Hijo no hizo nada por su propia cuenta. Nunca.

Eso es exactamente lo que el Espíritu Santo está diciendo de sí mismo. El Espíritu no hace nada sin la luz verde del trono de la gracia: qué decir, dónde ir, cuándo sanar, cuándo responder. Con respecto adónde ir, a los discípulos una vez «el Espíritu Santo les había impedido [«prohibido», RVR 1960] que predicaran la palabra en la provincia de Asia» (Hechos 16:6). El Espíritu Santo estaba haciendo lo que el Padre había ordenado; por alguna razón era voluntad del Padre que no fueran allá (por lo menos en ese entonces). El Espíritu Santo no respondió: «Yo quiero ir a Asia». Eso era impensable. Los discípulos quizá tuvieron pensamientos semejantes. Pero no el Espíritu Santo. Las personas de la Trinidad son completa y eternamente unidas. Lucas continúa: «Cuando llegaron cerca de Misia, intentaron pasar a Bitinia, pero el Espíritu de Jesús no se lo permitió» (v. 7). Dios el Padre orquestó desde el cielo todo lo que el Espíritu Santo podía decir o hacer aquí en el planeta Tierra. Ese es el significado de esas palabras en Juan 16:13. Jesús nunca dijo que el Espíritu Santo no hablaría de sí mismo. De hecho, *sí* habla de sí mismo.

Primero, como todo el Nuevo Testamento es inspirado al igual que el Antiguo Testamento, y sabemos que el A.T. fue escrito por el Espíritu Santo, se desprende que el Espíritu Santo escribió el Nuevo Testamento. ¡Si el Espíritu Santo no hablaría de sí mismo, tendríamos pocas, si es que alguna, referencias al Espíritu en el Nuevo Testamento! Segundo, considere lo mucho que es mencionado el Espíritu Santo en el Libro de los Hechos, comenzando con el relato de lo que sucedió el Día de Pentecostés en Hechos 2. Más tarde, cuando Pedro le respondió al Sanedrín, dijo: «Nosotros somos testigos de estos acontecimientos, *y también lo es el Espíritu Santo*» (Hechos 5:32, énfasis añadido). Pedro estaba indudablemente *lleno* del Espíritu cuando dijo eso, y hace una mención específica del Espíritu Santo.

Dicho lo cual, nuestro enfoque preeminente y último deberá ser siempre nuestro Señor y Salvador. El evangelio es central: Por qué Dios envió a su Hijo, por qué murió y por qué fue resucitado. Jamás pierda de vista el enfoque más importante: Jesucristo. Que los perdidos se van al infierno. Que los salvos —aquellos cuya esperanza del cielo es solamente la sangre derramada de Jesús— van al cielo. Eso es siempre lo principal. Pero que nadie se inhiba cuando se trate de mencionar al Espíritu. Después de todo, este libro que usted está leyendo se trata descaradamente de incrementar su conocimiento *del* Espíritu, además de también conocer*lo*, disfrutar*lo* y tener intimidad con *Él*. Esto viene por el testimonio inmediato y directo del Espíritu Santo.

Finalmente, no olvide el punto esencial que Jesús está comunicando acerca del Espíritu. Jesús y el Espíritu Santo tienen en común que no hacen ni dicen *nada* sin la dirección del Padre. Era la manera en que Jesús ministró en este planeta y es la manera en la que el Espíritu Santo opera hoy.

Para mayor estudio: Éxodo 13:19; Juan 3:8; Hechos 8:26-39; 13:2-4

*Bendito Espíritu Santo, soy consolado por saber que tú haces lo que el Padre te dice que digas y hagas; tal y como Jesús lo hizo. Me encanta saber que cuando soy guiado por el Espíritu Santo, estoy simultáneamente siendo dirigido por el Padre. Solamente te pido, que no me pierda de nada de lo que me digas. En el nombre de Jesús, amén.*

_____

_____

_____

_____

_____

_____

_____

_____

_____

_____

_____

_____

_____

# EL ESPÍRITU SANTO PREDECIRÁ EL FUTURO

EL ESPÍRITU SANTO no solamente es omnipresente sino también omnisciente. Esto significa que no puede aprender. Pero no se sienta mal por Él. Porque ya sabe todo. Esto incluye el conocimiento del futuro. El teísmo abierto (una enseñanza letal) dice que Dios no conoce el futuro, sino que aprende de nosotros y que necesita nuestro consejo sobre qué hacer después.

En mi libro *Fuego santo* refiero un incidente que sucedió en Carlisle, Ohio, en 1962. Siete años antes —cuando todavía estaba en Nashville— tuve una visión abierta de estar en una iglesia que tenía asientos estilo teatro en lugar de bancos, pero con ventanas en solamente un lado del auditorio. No tenía idea de dónde estaba esta iglesia. Observé que en la visión mi padre estaba presente y llevaba un traje verde menta (lo cual era bastante extraño), y vino caminando por todo el pasillo central hasta el frente. Luego volteó y se fue en la misma dirección. Eso fue todo. No tenía idea de lo que podría significar. Cuando prediqué por primera vez en esa iglesia en la primavera de 1962, observé que el edificio no tenía ventanas en un lado; que la iglesia tenía asientos estilo teatro con un pasillo en el centro. Más tarde nos mudamos a Carlisle desde Florida y comencé un ministerio allí el 1 de julio de 1962. Cuando mi padre me llamó por teléfono varios días después para decirme

127

que vendría y me escucharía predicar al domingo siguiente, le dije a Louise como vendría vestido. Sorpresa, sorpresa; usó el mismo traje que vi en la visión. Cuando el servicio terminó, vi a mi padre caminar por todo el pasillo central hasta el frente. Luego volteó y regresó por donde vino. Eso fue todo; exactamente como sucedió en la visión. Era como si yo hubiera visto una película del incidente siete años antes.

¿Cuál fue el propósito? Primero, estoy seguro que la razón fue que quizá yo supiera que estaba en la voluntad de Dios. Mi tiempo en Carlisle fue extremadamente duro. Fue traumático. Pero jamás dudé de que Dios me quería allí. El cumplimiento de la visión fue muy consolador. Y segundo, la visión prueba que Dios conoce el futuro: perfectamente.

«Les anunciará las cosas por venir», dijo Jesús (Juan 16:13). Que Dios conoce el futuro es la base de la profecía. En este libro hemos visto varias referencias al Espíritu Santo en el Antiguo Testamento. *Todas* las profecías en el Antiguo Testamento —desde Moisés a Elías y de Samuel a Malaquías— nacieron del Espíritu Santo. Escribí un libro basado en Isaías 53, llamado *Why Jesus Died*[1] [Por qué murió Jesús]. Isaías 53 está escrito de tal manera que uno se sorprende de que los judíos de hoy puedan leer todo ese capítulo y no ver cómo Jesús y su muerte fueron perfectamente predichas y cumplidas. «Yo anuncio el fin desde el principio; desde los tiempos antiguos, lo que está por venir. Yo digo: Mi propósito se cumplirá, y haré todo lo que deseo» (Isaías 46:10).

Así fue como Agabo supo que venía una hambruna (Hechos 11:28). Así fue como Pablo supo que el barco en el que iba naufragaría (Hechos 27:23-26). Dios también conoce el presente perfectamente. Así fue como el Espíritu Santo pudo comunicarle a Ananías que el famoso Saulo de Tarso se acababa de convertir (Hechos 9:10-16).

Jamás lo olvide: Dios conoce el final desde el principio. Conoce el futuro tan perfectamente como conoce el pasado.

Una de las más grandes «pruebas de Dios» (si es que alguien las necesita) y evidencias para la infalibilidad de la Biblia es el hecho de que la profecía se ha cumplido. No habría profecía si Dios no conociera el futuro, perfectamente. Cuando a alguien se le da una verdadera palabra profética, es porque están siendo llevados en el Espíritu en una manera especial, solo porque Él conoce el pasado, el presente y el futuro perfectamente.

Algunas personas preguntan: «¿Cómo pudo el profeta Natán en un momento pronunciar que el pecado de adulterio y asesinato de David había sido perdonado si la Ley no lo permitía?». «El Señor ha perdonado ya tu pecado», dijo Natán (2 Samuel 12:13). Y, no obstante, la palabra de Natán fue directamente en contra de la Ley Mosaica que exigía muerte por apedreamiento en caso de adulterio o asesinato. David cometió ambos pecados. Y no obstante Dios lo perdonó de inmediato, según Natán. Fue porqué Natán fue llevado en el Espíritu, y vio que la muerte de Jesucristo remueve *todo pecado;* incluyendo el pecado intencional. La Ley no tenía provisión para el pecado intencional. Natán por el Espíritu Santo trajo esta verdad y se la aplicó a David. Así, de hecho, era la manera en que cualquiera en el Antiguo Testamento era salvo. Es el futuro traído al presente. De hecho, la sanidad es el *escaton* —el día postrero en el que seremos glorificados— traído al presente. Dios conoce el final desde el principio.

Si uno predice lo que va a venir, es solamente porque el Espíritu Santo trae el futuro al presente (por llamarlo así) para que se pueda ver anticipadamente. Algunas veces es una visión clara (como la mía) que se cumplirá literalmente. Algunas veces una profecía puede ser dada simbólicamente: que a uno le es dado ver lo que está en el futuro pero no literalmente. Isaías 53 está escrito de tal manera que solamente podía ser completamente entendido después de que el evento sucedió.

En cualquier caso, el Espíritu Santo puede mostrar «las cosas por venir» cuando le plazca hacerlo.

Para mayor estudio: Deuteronomio 18:15 y Hechos 3:22; Isaías 53:7 y Lucas 23:9; Miqueas 5:2 y Mateo 2:5; Zacarías 9:9 y Mateo 21:4-5

*Omnisciente Espíritu Santo, estoy agradecido porque vives en mí. Estoy tan contento de que conozcas el futuro perfectamente y que yo estoy en tus manos. Muéstrame todo lo que quieras que sepa, incluso las cosas por venir, si así lo quieres. En el nombre de Jesús, amén.*

_____

_____

_____

_____

_____

_____

_____

_____

_____

_____

_____

_____

_____

# EL ESPÍRITU SANTO GLORIFICARÁ A JESUCRISTO

COMO DIJE ANTERIORMENTE el evangelio es central a todo lo que creemos. Lo principal es mantener lo principal como lo principal; a saber: que todos los que creen en el Hijo tienen vida eterna; el resto perece (lo cual significa que se van al infierno). Cuando Jesús continúo explicando el papel del «que viene a nuestro lado», mostró que el enfoque principal del Espíritu es la segunda persona de la Trinidad: Jesucristo.

«Él me glorificará porque tomará de lo mío y se lo dará a conocer a ustedes» (Juan 16:14). Una de las características interesantes de la Trinidad es que las personas de la Deidad amontonan alabanza uno para el otro. Como dije, no hay celos o rivalidad en la Deidad. Esto es difícil para que alguien lo comprenda. Al Padre no le importa si ora a Jesús o al Espíritu Santo. El Padre honra al Espíritu y al Hijo. El Hijo honra al Padre y al Espíritu. El Espíritu glorifica a Cristo y habla solamente lo que escucha del Padre.

Glorificar a Cristo es honrarlo por:

1. Quien es Él.
2. Lo que dijo.
3. Lo que hizo por nosotros.
4. Lo que sigue haciendo por nosotros.
5. Lo que va a hacer.

Es darle a Jesús *ahora* el honor que recibirá abiertamente en el Día Postrero; cuando toda rodilla se doblará y toda lengua confesará que Jesucristo es el Señor para gloria de Dios Padre (Filipenses 2:9-11). *Uno no puede alabar demasiado a Jesús. Es imposible amontonar demasiada alabanza en el Señor Jesucristo.* El Espíritu Santo nos dirige a alabar al Señor Jesús como se lo merece, aunque todos deseamos poder hacerlo mejor. Esta es la razón por la que Carlos Wesley escribió: «Oh, que tuviera mil lenguas para cantar las alabanzas de mi Redentor».[1]

Jesús dijo que el Espíritu Santo tomaría «de lo mío». ¿Qué es *suyo* y que es dado a conocer a nosotros? Respuesta: (1) Su obra como Redentor, y (2) la gloria y alabanza que Jesucristo merece; lo que le pertenece. Jesús es el enfoque. Él es el que *había de ser* glorificado; y quien *fue* glorificado. Jesús oró: «Padre, ha llegado la hora. Glorifica a tu Hijo, para que tu Hijo te glorifique a ti [...] glorifícame en tu presencia con la gloria que tuve contigo antes de que el mundo existiera» (Juan 17:1, 5). La gloria de Cristo es el enfoque. Él es nuestro Redentor. Él es el Dios-hombre. *No es el Espíritu* quien debe ser el enfoque cuando se trata de alabar, dar honor y gloria. Quizá se pregunte: «¿Qué no el Espíritu Santo es Dios?». Sí. Pero no es el Espíritu Santo el que residió en el interior de un cuerpo humano sin medida. No fue el Espíritu Santo quien cumplió la Ley. No fue el Espíritu Santo quien vivió sin pecado en un cuerpo humano. No fue el Espíritu Santo quien murió, fue resucitado de los muertos y quien ascendió a la diestra de Dios. No es el Espíritu Santo al que toda rodilla se doblará un día. Así que cuando Jesús dijo que el Espíritu Santo tomaría «de lo mío», estaba declarando que el enfoque estaría en el Redentor y Salvador del mundo, quien sería glorificado y dado a conocer a nosotros.

«Él testificará acerca de mí», dijo Jesús también (Juan 15:26). Jesús prometió hacerse tan real a los discípulos en el Espíritu como lo había sido en la carne. «Dentro de poco [en unos pocos días a partir de entonces, de hecho] ya no me verán [cuando ascendió al cielo]». Pero Jesús añadió: «Pero un poco después [el Día de Pentecostés] volverán a verme» (Juan 16:16). ¿Cómo vieron a Jesús? Por el Espíritu Santo. Por eso es que Pedro en su sermón ese día citó a David: «Veía yo al Señor siempre delante de mí» (Hechos 2:25; Salmos 16:8). Los discípulos vieron al Señor —en una visión que fue absolutamente real— como si estuviera presente físicamente con ellos. Cuando el Espíritu Santo testificaba de Jesús, hacía a Jesús absolutamente real para ellos. Esto se repitió en Hechos 4:33, cuando «abundante gracia (RVR 1960)» los capacitó para testificar de la resurrección de Jesús. En otras palabras, el Espíritu Santo hizo la resurrección de Jesús absolutamente real para ellos, como si hubiera sucedido delante de sus propios ojos. Esto es lo que Pedro quería decir cuando dijo: «Nosotros somos testigos de estos acontecimientos, *y también lo es el Espíritu Santo*» Hechos 5:32, énfasis añadido).

El Espíritu Santo glorificando a Jesús significa que el Espíritu testifica que Jesús es el Dios-hombre (Juan 1:14). Él también testifica del hecho de que un día todos los hombres y mujeres que alguna vez vivieron —los justos y los impíos, los ricos y los pobres, los reyes y la gente ordinaria— se arrodillarán y *proclamarán* que Jesucristo es el Señor —Dios— para gloria de Dios el Padre (Filipenses 2:10-11). No porque quieran, sino porque tendrán que. Toda la gente hará esto un día. ¡Usted y yo lo hacemos ahora!

Para mayor estudio: Juan 14:25-31; 16:17-21; Hechos 2:23-36; Romanos 14:11; Filipenses 2:5-11

> *Oh, Espíritu Santo, hazme ver lo real que es Jesús; quien murió y fue resucitado, quien ascendió al cielo y que viene de nuevo, y quien será adorado por toda la Tierra en el Día Final. Concédeme que yo mismo le dé a Jesús la adoración que se merece no solamente entonces, sino ahora. En el nombre de Jesús, amén.*

_____

_____

_____

_____

_____

_____

_____

_____

_____

_____

_____

_____

_____

# EL ESPÍRITU SANTO PUEDE SER BLASFEMADO

«LA BLASFEMIA CONTRA el Espíritu no se le perdonará a nadie» (Mateo 12:31). Este es discutiblemente el pasaje más atemorizante del Nuevo Testamento. Es llamado el pecado imperdonable porque no hay perdón si uno blasfema contra el Espíritu Santo. Muchos pastores tienen a alguien en su iglesia que teme haber cometido este pecado. De vez en vez recibo mensajes en Twitter de personas que temen haber blasfemado contra el Espíritu Santo. Suele provenir de alguien que había estado batallando con la tentación sexual y cedió.

¿Qué es la blasfemia contra el Espíritu Santo? Primero, no es ningún pecado contra la ley moral (Los Diez Mandamientos). No es codicia, robar o dar falso testimonio; no es cometer asesinato o adulterio. El rey David cometió ambos: asesinato y adulterio y fue perdonado. El pecado imperdonable se comete cuando el *veredicto final* de alguien con respecto al evangelio es mostrar desprecio por el testimonio del Espíritu, que es glorificar a Cristo. Es la decisión final de una persona de socavar el testimonio del Espíritu Santo de que Jesús es Dios en la carne. Uno, por lo tanto, blasfema contra el Espíritu Santo al negar de manera final que Jesús es Dios en la carne; o diciendo que Jesús tiene un espíritu maligno. En el relato de Marcos está escrito: «Excepto a quien blasfeme contra el Espíritu Santo.

Éste no tendrá perdón jamás; es culpable de un pecado eterno». Y luego Marcos añadió que Jesús dijo esto porque estaban diciendo: «Tiene [Jesús] un espíritu maligno» (Marcos 3:29-30). ¿Cómo puede saber que no ha cometido el pecado imperdonable? Si usted puede testificar desde su corazón que Jesús es Dios, no se preocupe más.

Vi un congreso en YouTube en el que los oradores se burlaban de ciertas personas que estaban cayendo bajo el poder el Espíritu y riendo a carcajadas. Irónicamente, algunos de estos oradores estaban riéndose mientras veían vídeos de personas que estaban riendo a carcajadas. Uno de los oradores también había escrito que hablar en lenguas es vudú. Esto está peligrosamente cerca a decir que el Espíritu Santo es maligno. No creo que este hombre tuviera la intención de decir eso. Pero fue aleccionador ver a estos hombres riéndose de cristianos sinceros y leer lo que acabo de referir. Prefiero quedarme corto de decir que estos hombres que se estaban burlando blasfemaron al Espíritu. Pero es atemorizante lo que estaban haciendo.

En mi antigua iglesia en Ashland, Kentucky, invitábamos evangelistas a que vinieran dos o tres veces al año para celebrar reuniones de *avivamiento*, las misiones solían durar dos semanas cada una. Era común que el ministro predicara sobre blasfemar al Espíritu Santo por lo menos una vez —usualmente en la última noche— espantando a todos casi hasta la muerte. No obstante, no puedo recordar alguna vez escuchar a uno de esos ministros explicar exactamente lo que era el pecado imperdonable; ni cómo podía ser cometido. Temo que era utilizado algunas veces como una treta para hacer que la gente corriera al altar, por miedo a cometer este pecado e irse al infierno inevitablemente.

Y no obstante he tenido personas en la Capilla de Westminster que han venido a verme, preocupadas por haber blasfemado contra el Espíritu. Un hombre muy estimado —quien era sólido en su fe— recuerda una ocasión antes de haberse convertido en la que dijo: «Maldito seas, Espíritu Santo». Después de que se convirtió, escuchó los pasajes acerca de la blasfemia al Espíritu. Aunque estaba sirviendo al Señor fielmente, este incidente lo perseguía. Cuando le mostré que blasfemar contra el Espíritu es mostrar desprecio por el *testimonio* del Espíritu señalando a la persona de Jesús, fue liberado y jamás estuvo atribulado de nuevo. Repito: si usted puede decir desde su *corazón* que Jesucristo es Dios, usted no ha cometido este pecado. Pablo dijo que ninguna persona puede decir «Jesús es el Señor» sino por el Espíritu Santo (1 Corintios 12:3).

¿Ananías y Safira blasfemaron contra el Espíritu Santo porque Pedro dijo que le habían mentido al Espíritu y cayeron muertos instantáneamente? No. Eran creyentes que fueron controlados por la codicia. Esto le puede suceder a cualquiera de nosotros. No hay indicio de que hayan cuestionado a la persona de Jesús. Cayeron muertos porque voluntariamente mintieron acerca del dinero en la presencia inmediata y directa del Espíritu Santo. Dios hizo un ejemplo de ellos para mostrar la responsabilidad que tenemos cuando Dios está presente así. Si el Espíritu Santo fuera a regresar a la iglesia en ese nivel de poder —como yo mismo espero que vendrá un día— podemos esperar que este tipo de cosa suceda de nuevo.

Si usted puede decir en medio de su corazón: «Jesús es el Señor», es porque tiene al Espíritu Santo. Usted no ha blasfemado en su contra.

Para mayor estudio: Mateo 12:30-32; Marcos 3:23-30; 1 Corintios 12:1-3; 1 Juan 5:16-17

> *Bondadoso Espíritu Santo, te agradezco con todo mi corazón que puedo afirmar desde mi corazón lo que Tú testificas acerca de Jesús. Te agradezco que puedo también testificar que Jesús nació de una virgen, concebido de ti, y que Él fue y es el Hijo de Dios y Dios en la carne. En el nombre de Jesús, amén.*

_____

_____

_____

_____

_____

_____

_____

_____

_____

_____

_____

_____

# EL ESPÍRITU SANTO ES EL QUE NOS RECUERDA LAS COSAS

¿TIENE MALA MEMORIA? ¿Alguna vez ha leído un libro y se dijo a sí mismo: «Me gustaría poder recordar este punto»? ¿Alguna vez ha escuchado un sermón y haber deseado: «Si solamente pudiera recordar esto»?

Considere a los discípulos de Jesús. Escucharon casi todo lo que dijo públicamente durante tres años. Escucharon el Sermón del Monte. Escucharon las parábolas. Escucharon sus diálogos con los fariseos y saduceos. Incluso quizá pensaron: «Si solamente pudiera recordar todas estas enseñanzas maravillosas».

No hay de qué preocuparse. Jesús les dijo que el Espíritu Santo les «hará recordar todo lo que les he dicho» (Juan 14:26). Si teme haber olvidado lo que escuchó, ¡no se preocupe! El Espíritu Santo le recordará lo que le fue enseñado.

Esto es muy relevante hoy en día. La gente pregunta: «¿Por qué debo leer mi Biblia? No la entiendo. ¿Por qué debería memorizar la Escritura? ¿Por qué debería escuchar la enseñanza? A menudo es muy aburrida».

Yo respondo: Aunque no lo entienda y piense que no lo va a recordar, usted está recibiendo más de lo que usted se da cuenta conscientemente en el momento. En un momento apropiado —posiblemente en un momento en que menos lo espere— el Espíritu le recordará lo que ha escuchado.

Hay dos cosas que necesitamos para realizar esta conexión. Primero, el Espíritu Santo promete recordarle lo que ha *escuchado; leído o aprendido*. En otras palabras, Él le recordará *lo que ya está allí*. Si no hay nada allí que recordar, ¿cómo puede el Espíritu Santo traerlo a su memoria? ¿Qué pasa si usted tiene la cabeza vacía en lo que respecta al conocimiento bíblico? Si no se toma el tiempo de leer su Biblia, ¿cómo podrá el Espíritu Santo recordarle lo que no ha leído? Por eso es que todos necesitamos un plan de lectura bíblica que lo lleve a través de toda la Biblia en un año. Por eso es que necesita buena enseñanza y buena predicación. Con respecto a la memorización de la Escritura, tristemente es extremadamente rara estos días. Estoy tan agradecido que se me exigió que memorizara la Escritura de chico.

Quizá diga: «Necesito que el Espíritu Santo caiga sobre mí. Necesito el poder de Dios para hacerme caer al piso». Yo respondo: Si usted tiene la cabeza vacía cuando caiga, ¡usted tendrá la cabeza vacía cuando se levante! El Espíritu Santo le promete recordarle *lo que ya está allí*. Se lo repetiré: Si no hay nada que recordarle, ¿qué es lo que usted espera que haga el Espíritu Santo? Creo que viene un gran mover del Espíritu Santo.

También creo que viene pronto. Creo que será el mayor derramamiento del Espíritu Santo desde el Día de Pentecostés. Los que conocen lo que dice su Biblia serán los candidatos probables para ser usados soberanamente por Dios. Si es así, ¿le gustaría *a usted* estar justo en medio de ello? Tengo la convicción de que solamente los que pongan aceite en sus lámparas —como la vírgenes prudentes de la parábola de las diez vírgenes de Jesús— disfrutarán este derramamiento del Espíritu. El aceite se refiere al Espíritu. Las lámparas se refieren a la Palabra. «Tu palabra es una lámpara a mis pies; es una luz en mi sendero» (Salmos 119:105). En otras palabras, la Palabra y el Espíritu juntos.

Lo segundo que necesitamos darnos cuenta es esto. La palabra de Jesús acerca del Espíritu Santo recordándonos lo que hemos aprendido asume que el Espíritu está en nosotros sin ser agraviado: que la Paloma ha descendido sobre nosotros y permanecido. Cuando el Espíritu Santo no esté agraviado o apagado nos recordará lo que hemos aprendido. Pero si estoy enojado, amargado, con rencores y teniendo un estilo de vida que señala con el dedo, la Paloma se levanta y me deja que lo enfrente por mí mismo. No nos deja por completo porque el Espíritu está con nosotros para siempre. Pero el sentir de su presencia se levanta con la unción que hace que las cosas fluyan con facilidad.

De hecho, lo que Jesús prometió acerca del Espíritu Santo asume que el Espíritu está sin ser apagado o agraviado en nosotros. Por eso es que Jesús era tan real para los discípulos en el Día de Pentecostés y también durante los días que siguieron inmediatamente a ese glorioso día. No debemos esperar que Jesús sea real para nosotros o recordar lo que hemos aprendido previamente cuando estamos en una condición agitada y amargada. Pero cuando hemos perdonado totalmente a los que nos han lastimado, nos han maltratado, nos han mentido y han sido groseramente injustos, la Paloma desciende. Jesús es real. La Biblia cobra vida. ¡Y nos encontramos recordando cosas que habíamos olvidado; algunas veces los versículos más oscuros de la Biblia e incluso esos sermones aburridos a través de los que nos las arreglamos para sobrevivir!

Para mayor estudio: Lucas 22:14-23; Hechos 11:15-17; 1 Corintios 11:23-26; 2 Pedro 1:12-15

*Bendito Espíritu Santo, concédeme conocer de nuevo que he perdonado totalmente a todos los que me han lastimado en alguna forma; tu unción es más importante que obtener venganza. Por favor, concédeme que vengas a mí sin estar agraviado de manera que recuerde todo lo que necesito para este día. En el nombre de Jesús, amén.*

# EL ESPÍRITU SANTO DA PODER

E N ESTE LIBRO hemos visto que Dios es omnipresente (presente en todas partes) y omnisciente (todo lo sabe). El Espíritu Santo también es omnipotente: todopoderoso. Después de todo, cuando uno considera que el Espíritu Santo participó en la Creación, eso es prueba de su poder. Fue el Espíritu Santo quien dividió el mar Rojo cuando los israelitas lo cruzaron. Fue el Espíritu Santo quien hizo que cayera fuego sobre el monte Carmelo. Fue el Espíritu Santo quien facultó a Elías y Eliseo a resucitar personas. Fue el Espíritu Santo quien convirtió a tres mil personas el Día de Pentecostés. Fue el Espíritu Santo quien hizo que el lugar temblara cuando los discípulos oraron (Hechos 4:31).

Momentos antes de que Jesús ascendiera al cielo, dijo (probablemente sus palabras finales en esta Tierra): «Pero cuando venga el Espíritu Santo sobre ustedes, recibirán poder y serán mis testigos tanto en Jerusalén como en toda Judea y Samaria, y hasta los confines de la tierra» (Hechos 1:8). No creo que esta promesa acerca del Espíritu les interesara a los discípulos tanto como debería. Tenían algo más en su mente. Ellos realmente querían saber si Jesús por fin restauraría el reino a Israel (v. 6). Jesús evadió la pregunta y les prometió que vendría poder cuando el Espíritu viniera sobre ellos. Esta promesa fue cumplida el Día de Pentecostés.

El poder del Espíritu Santo fue experimentado básicamente en tres áreas. Primero, vino una demostración de poder sobrenatural; lo cual desafió una explicación natural. Tiene razón en que no se necesitaba un alto nivel de fe para lo que vieron, escucharon y sintieron. Lo escucharon con sus oídos, lo vieron con sus ojos y lo sintieron en su cuerpo. ¡Aunque Jesús dijo que el Reino de Dios no sería visible (significando un gobierno terrenal), irónicamente las evidencias iniciales del Espíritu Santo eran físicas! La primera sensación fue escuchar. De pronto vino del cielo un *ruido* como de una «violenta ráfaga de viento». A los 120 discípulos que estaban sentados (no estaban de pie, ni arrodillados) dentro de la casa les dio poder para escuchar y ver lo que no tenía precedente en la historia de Israel. ¡Se miraron entre sí y vieron «lenguas como de fuego» que se posaron sobre la cabeza de cada uno! Era una exhibición visible de fuego santo. Esto vino con que fueran «llenos del Espíritu Santo». Comenzaron a hablar «en otras lenguas, según el Espíritu les daba que hablasen» (Hechos 2:1-4, RVR 1960). Aunque Marcos 16:17 [un pasaje en disputa por parte de algunos eruditos, ya que no estaba aparentemente en los manuscritos más antiguos que tenemos] indicaba que los seguidores de Jesús hablarían en «nuevas lenguas», no creo que los 120 discípulos hubieran estado preparados para esto. Fueron facultados para hacerlo a medida que el Espíritu «les daba que hablasen». Ellos no lo inventaron. Las lenguas del Día de Pentecostés fueron idiomas reconocibles. La multitud que se había reunido escuchaba a cada uno hablando «en su propio idioma» (Hechos 2:6).

Segundo, se les dio poder interno para comprender lo que previamente había sido oscuro o misterioso. No fue sino hasta que vino el Espíritu Santo sobre ellos que los discípulos llegaron a ver el propósito real de que Jesús viniera a la Tierra. Ahora entendieron que (1) la venida del Espíritu era un cumplimiento de Joel (Joel 2:28-32); (2) la muerte de Jesús en la cruz no fue un accidente sino que así fue diseñado para nuestra salvación; (3) su resurrección demostraba quién era Jesús:

que era el Hijo de Dios; (4) Jesús ahora estaba a la diestra de Dios; (5) que la ascensión sucedió para abrir camino al Espíritu Santo; (6) la gente necesitaba ser perdonada de sus pecados; y (7) todos los que escucharon el sermón de Pedro serían perdonados y podrían recibir el Espíritu Santo si se arrepentían y eran bautizados (Hechos 2:14-39). Todo cayó en su lugar para Pedro y todos los que habían sido llenos del Espíritu.

Tercero, este poder significaba poder para testificar. Hechos 1:8 conecta dos cosas, haciéndolas virtualmente inseparables: el poder y testificar. El poder no era solamente para su disfrute; aunque seguramente fue emocionante para ellos. Fue lo que facultó a Pedro para confrontar a miles de judíos con absoluta temeridad. El mismo Pedro quien cobardemente negó conocer a Jesús delante de una sierva galilea solamente unas semanas antes ahora les estaba diciendo a los poderosos judíos de la época lo que necesitaban hacer *ellos*. De hecho, la predicación de Pedro fue tan eficaz que los que lo escucharon estaban «profundamente conmovidos» —algo que el Espíritu Santo solamente podía hacer— y preguntaron: «¿Qué debemos hacer?» (Hechos 2:37). Al principio se burlaban, descartando que los 120 estuvieran llenos del Espíritu como si hubieran estado «borrachos» (v. 13). Personalmente dudo que se estuvieran burlando de ellos por las lenguas, ya que escuchar lo que se estaba diciendo y entenderlo en su propio idioma habría sido aleccionador para ellos. Cuando lleguemos al cielo y veamos un DVD de todo el episodio predigo que veremos que muchos de esos discípulos llenos del Espíritu estarán riéndose a carcajadas con gozo extremo. ¡Pero después de escuchar a Pedro, los que se habían burlado ahora estaban rogando saber qué hacer! La explicación: poder, una energía sobrenatural que desafía la explicación natural.

Pablo dijo que el Reino de Dios no consiste en palabras sino en «poder» (1 Corintios 4:20). No tengo duda de que el poder del Espíritu Santo es relevante y disponible no solamente para iluminación y testificar, sino para vivir de manera santa y otras demostraciones de lo sobrenatural.

Para mayor estudio: Lucas 24:45-49; Hechos 2:37-41; 3:6-16; 13:8-12

> *Espíritu Santo omnipotente, por favor apresura el día en el que nuestra propia generación pueda ver tu poderoso poder. Perdóname por tener tan poco de tu poder. Por favor, aplícame la sangre de Jesús para mi limpieza y para poder ser usado. Concede que tenga un poder incrementado para testificar y ver a muchos ser salvos. En el nombre de Jesús, amén.*

# EL ESPÍRITU SANTO SE MANIFIESTA A TRAVÉS DE VARIOS DONES ESPIRITUALES

USTED RECORDARÁ QUE el cesasionismo es la teoría poco bíblica de que los dones del Espíritu Santo «cesaron» en algún punto en la primera iglesia. No quiero ser injusto, pero creo que muchos evangélicos conservadores son rápidos en abrazar la enseñanza del cesasionismo no por los dones del Espíritu en general, sino por el don de hablar en lenguas en particular. Dudo que muchos hoy sostendrían el cesasionismo si no fuera por el don de lenguas. Allí es donde se encuentra la ofensa. Es el único don de desafía su orgullo. Nadie de los que conozco objeta dones como el de sabiduría o sanidad. Algunos quizá objeten con firmeza el don profético o la palabra de conocimiento; pero solamente porque se ha abusado mucho de ellos. La verdadera ofensa se encuentra en las lenguas.

«A cada uno se le da una manifestación especial del Espíritu para el bien de los demás», estas incluyen: sabiduría, palabra de conocimiento, fe, sanidad, poderes milagrosos, profecía, discernir espíritus, hablar en diversas lenguas e interpretar lenguas (1 Corintios 12:7-10). Hay más dones mencionados como la habilidad de «ayudar a otros» y «los que administran» (v. 28). Están los (que algunos llaman) dones de motivación en Romanos 12:3-8. Un asunto recóndito entre algunos cristianos —incluyendo a los pentecostales y carismáticos— es si la evidencia del bautismo del Espíritu Santo es siempre y necesariamente hablar en lenguas. ¿Es el don de lenguas u orar en lenguas (1 Corintios 14:2, 14) el mismo fenómeno que lo que los 120 recibieron el Día de Pentecostés (Hechos 2:4)? Posiblemente no. Podría haber sido algo diferente. Los mejores eruditos entre los pentecostales y los carismáticos difieren en esto, y yo no veo la necesidad de hacer un problema aquí.

Tengo un capítulo sobre los dones espirituales en *Fuego santo* en el cual los dones son explicados más o menos a mayor detalle que lo siguiente. Pablo dijo que todos deberíamos desear honestamente los dones mayores. El pone la sabiduría como el primero de la lista. Posiblemente lo hizo porque considera que la sabiduría es el más importante. Pero con toda seguridad los dones de sanidades y poderes milagrosos también estarían entre los dones mayores. Para los que señalan que el don de lenguas está en el fondo de la lista, y por lo tanto es el menos importante, tengo la respuesta: si usted realmente quiere los dones mayores, ¡esté dispuesto a comenzar por el fondo! Los que se humillen serán exaltados. Puede ser embarazoso y humillante hablar en lenguas. Eso mostraría cuanto realmente «ambiciona» los dones del Espíritu. Brevemente mencionaré cada uno de los mencionados en 1 Corintios 12:8-10:

*Sabiduría*. Esta es la presencia de la mente del Espíritu, facultándolo para saber el siguiente paso hacia adelante en lo que debería decir o hacer. La sabiduría consiste no en más educación o en un alto CI sino en tener la palabra apropiada en el momento oportuno. Tristemente es el último don que muchos al parecer quieren y, sin embargo, es el más necesario.

*Mensaje de conocimiento*. Mejor conocido estos días como «palabra [gr. *logos*] de conocimiento», este don *podría* referirse a conocimiento teológico y bíblico, pero también se puede entender como una «palabra especial» que una persona necesita urgentemente: un mensaje oportuno y relevante del Espíritu que asegura que el que habló fue Dios y no un hombre.

*Fe.* Esta no es fe salvífica o para justificación, sino más bien una capacidad sorprendente de confiar en Dios en una crisis. Es cuando usted se sorprende con su habilidad de hacer frente cuando todas las cosas han salido mal. Podría ser un don permanente o algo dado para un momento de necesidad.

*Sanidad.* Este don muestra que el ministerio de sanidad de Jesús no terminó cuando ascendió a la diestra de Dios. Dios tenía el propósito de que la sanidad de los enfermos continuara hasta que Jesús regrese. Lo que sucedió en el libro de los Hechos puede suceder hoy. Algunas personas parecen tener un don especial en esta área.

*Poderes milagrosos.* No es fácil determinar la diferencia entre sanar a los enfermos y los poderes milagrosos (en este caso las palabras griegas son utilizadas de manera intercambiable). No obstante, es posible que la sanidad pueda ser gradual y los milagros suceden instantáneamente. El hombre que llevaba siendo paralítico cuarenta años de pronto pudo caminar —y saltar— en la puerta La Hermosa (aunque este milagro es llamado sanidad; Hechos 3:1-16). Este don de poderes milagrosos también se puede referir a echar fuera demonios.

*Profecía.* No es un don como el de Isaías, sino es más como las profecías de Agabo, como hemos visto. Hay niveles de dones proféticos. Dios *podría* levantar a un Elías, y probablemente lo ha hecho, pero el don de profecía al que Pablo al parecer está instando Pablo (1 Corintios 14:1) es principalmente para la edificación del cuerpo de Cristo.

*Discernir espíritus.* Este importante don lo capacita a uno a reconocer lo demoníaco, pero también lo genuino del Espíritu Santo. No se dice nada aquí de echar fuera demonios; el don de lo milagroso se podría aplicar a esto. Pero jamás subestime la importancia de que una persona tenga la habilidad de reconocer al Espíritu Santo mismo en un día en el que hay mucho de lo falso.

*Hablar en otras lenguas.* Esto es popularmente conocido como «lengua de oración», no obstante Pablo menciona aquí «diversas» lenguas, implicando que uno no siempre habla en el mismo idioma cada vez; sea un idioma conocido en la Tierra o una lengua angelical. O quizá quiera decir que una persona habla en un idioma y otra persona en uno totalmente distinto.

*Interpretación de lenguas.* Pablo no dice *traducción* sino *interpretación*. No requiere una traducción palabra por palabra, sino comunicar el espíritu del mensaje en lenguas. Si alguien habla una lengua en la iglesia, Pablo exigió que alguien interpretara. Estoy seguro de que mucho de lo falsificado se ha manifestado aquí, pero también he visto lo real, lo cual puede ser hermoso. Se puede debatir si uno tiene el don permanentemente o según se necesite. En cualquier caso, los dones son «irrevocables» (Romanos 11:29; «sin arrepentimiento», JBS), un recordatorio aleccionador de que no deberíamos considerarnos espirituales porque ejercitamos cualquiera de estos dones.

Para mayor estudio: Romanos 12:3-12; 1 Corintios 1:4-9; Efesios 4:7-16; Santiago 5:13-16

*Bendito Espíritu Santo, gracias por dar dones al Cuerpo de Cristo. Concédeme que yo mismo verdaderamente ambicione los mejores dones. Que los desee tanto que busque los menos espectaculares o los que traen más humildad con el fin de poder glorificar el nombre de Jesús. Te lo pedimos en su nombre, amén.*

_____

_____

_____

_____

_____

_____

# EL ESPÍRITU SANTO DIRIGE A LA GENTE A JESÚS Y LO HACE REAL

¿ALGUNA VEZ HA considerado lo esencial que es la obra del Espíritu Santo en la evangelización? Cuando Jesús le dijo a Nicodemo: «Tienen que nacer de nuevo», de inmediato añadió algo acerca del Espíritu Santo: «El viento sopla por donde quiere, y lo oyes silbar, aunque ignoras de dónde viene y a dónde va. Lo mismo pasa con todo el que nace del Espíritu» (Juan 3:7-8). Jesús está diciendo que cada conversión es una obra de gracia soberana del Espíritu Santo. Así como fuimos pasivos en nuestro nacimiento natural, también lo somos cuando nacemos del Espíritu Santo. Es lo que el Espíritu Santo hace.

¿Esto le sorprende? Santiago dijo: «Por su propia voluntad nos hizo nacer mediante la palabra de verdad, para que fuéramos como los primeros y mejores frutos de su creación» (Santiago 1:18). Esto significa que ninguna conversión es un accidente. Nuestro nacimiento natural no fue un accidente. Dios nos da a cada uno vida y aliento. «De un solo hombre hizo todas las naciones para que habitaran toda la tierra; y determinó los períodos de su historia y las fronteras de sus territorios» (Hechos 17:26). Dios escogió cuando y dónde naceríamos. ¿Por qué? «Esto lo hizo Dios para que todos lo busquen y, aunque sea a tientas, lo encuentren. En verdad, él no está lejos de ninguno de nosotros» (v. 27). Nacemos «muertos» en nuestras transgresiones y pecados «pero Dios, que es rico en misericordia, por su gran amor por nosotros, nos dio vida con Cristo, aun cuando estábamos muertos en pecados. ¡Por gracia ustedes han sido salvados!» (Efesios 2:1, 4-5). Esto significa que no podemos tomar el crédito por ser salvos. «¿Dónde, pues, está la jactancia?», pregunta Pablo, quien entonces responde: «Queda excluida» (Romanos 3:27). Es lo que el Espíritu Santo hace. No es por obras para que nadie se jacte (Efesios 2:9).

Vimos anteriormente que Jesús dijo del Espíritu Santo: «Él testificará acerca de mí» (Juan 15:26). ¿Qué hace que la gente quiera volverse a Jesús? El Espíritu Santo. ¿Qué hace que Jesús sea real? El Espíritu Santo. ¿Quién hace lo que Él hizo por nosotros —morir en la cruz y ser resucitado de la muerte— real? El Espíritu Santo.

Por eso Jesús dijo: «Nadie puede venir a mí si no lo atrae el Padre que me envió, y yo lo resucitaré en el día final» (Juan 6:44). Todos nacimos «muertos»: «muertos en sus transgresiones y pecados» (Efesios 2:1). ¿Puede un muerto hablar? ¿Puede un muerto escuchar? ¿Puede un muerto moverse? ¿Puede un muerto tomar una decisión? La afirmación de Jesús en Juan 6:44 vino en medio de lo que los maestros de la Biblia llaman: *las enseñanzas duras de Jesús*. Al principio de su discurso Jesús tenía unos cinco mil seguidores (v. 10). Al final: «Desde entonces muchos de sus discípulos le volvieron la espalda y ya no andaban con él» (v. 66). Jesús continuó con sus varios dichos *difíciles*: «El Espíritu da vida; la carne no vale para nada... Por esto les dije que nadie puede venir a mí, a menos que se lo haya concedido el Padre» (vv. 63, 65).

¿Cuál es el objetivo del testimonio del Espíritu Santo? Jesucristo. El Espíritu Santo dirige a la gente a Jesús. «Él testificará acerca de mí». Es el Espíritu quien hace que la gente vea *por qué* Jesús murió y resucitó. Recuerde que los Once (ahora que Judas Iscariote había quedado fuera de escena) no sabían *por qué* Jesús murió o resucitó incluso después de que vieron su cuerpo resucitado. No fue sino hasta que el Espíritu Santo cayó sobre ellos el Día de Pentecostés que entendieron todo.

En cierta ocasión Charles Spurgeon contó cómo se había convertido. Preguntó: «¿Por qué soy cristiano?». Concluyó: Fue porque escuché el evangelio. «Pero —preguntó— , ¿por qué lo creí?». Entonces, como un relámpago: «Vi que Dios estaba al fondo de todo ello»; dijo deberle su salvación solo a la pura gracia. ¡El Dr. Lloyd-Jones solía decir que un cristiano es una persona que se sorprende de ser cristiana!

Fui invitado a conocer a la ya fallecida Margaret Thatcher cuando era primera ministra de Gran Bretaña. Se me dieron varios minutos de tiempo privado con ella justo antes de dar la invocación en una convención de abogados en Royal Albert Hall. Pero quién lo iba a decir, ¿quién estaría esperando conocerla, solamente para estrechar su mano? El juez presidente de la Suprema Corte, Warren Burger; el vicepresidente, Walter Mondale; y el embajador estadounidense a St. James Court. Entonces se anunció que habría una fotografía de estos dignatarios con la primera ministra. En ese punto di un paso atrás para observar. «Venga acá, Dr. Kendall; usted debe aparecer en esta fotografía», se me dijo. Caminé hacia allá con mucha inseguridad para ser incluido y ser fotografiado con estas personas importantes. Me sentí como un fraude. Yo no merecía estar allí ni por un segundo. Pero fui invitado, y acepté la invitación. Cuando lleguemos al cielo, todos tendremos esto en común: no nos mereceremos estar allí. Pero fuimos invitados, y aceptamos la invitación.

Martín Lutero dijo que esperaba tres sorpresas en el cielo: (1) que estarán presentes los que él no esperaría estuvieran allí, (2) que faltarán los que él esperaba estuvieran allí, y (3) ¡que él mismo estaría allí!

Para mayor estudio: Mateo 11:25-30; Juan 6:61-65; Romanos 8:28-30; Efesios 2:1-9

*Oh, soberano Espíritu Santo, estoy muy al tanto de mi indignidad delante de ti. En grande manera yo no merezco ser tu Hijo. Gracias por cortejarme y darme vida. Sálvame de alguna vez jactarme de que soy salvo cuando sé que todo es por tu gracia. En el nombre de Jesús, amén.*

_____

_____

_____

_____

_____

_____

_____

_____

_____

_____

_____

_____

_____

_____

# EL ESPÍRITU SANTO SE MANIFIESTA A TRAVÉS DE UN FRUTO VARIADO

E L FRUTO DEL Espíritu es amor, alegría, paz, paciencia, amabilidad, bondad, fidelidad, humildad y dominio propio» (Gálatas 5:22-23). Creo que es posible que uno tenga los dones del Espíritu sin el fruto del Espíritu. También creo que uno puede tener el fruto del Espíritu sin los dones del Espíritu. Los carismáticos y los pentecostales tienden a enfatizar los dones; los evangélicos conservadores y los cristianos reformados tienden a subrayar el fruto.

Tal vez sea necesaria una breve sinopsis del prólogo de *Fuego santo*: ha existido un divorcio silente en la iglesia, hablando en general, entre la Palabra y el Espíritu. Cuando hay un divorcio, algunas veces los niños se quedan con la madre, algunas veces con el padre. En este divorcio están los del lado de la Palabra enfatizando la doctrina sana, especialmente Romanos, y los del lado del Espíritu enfatizando al Espíritu Santo, especialmente el libro de los Hechos. Tristemente parece ser el uno o el otro casi adondequiera que voy en el mundo. La necesidad es de ambos. Creo que la combinación simultánea resultará en combustión espontánea. La Palabra y el Espíritu viniendo juntos traerán el siguiente mover del Espíritu Santo, en mi opinión.

Brevemente mencionaré cada una de las manifestaciones del fruto del Espíritu como se encuentra en Gálatas 5:22-23.

*Amor.* Este es el primer fruto del Espíritu que Pablo menciona y es de hecho la suma total de todo el fruto de Espíritu Santo. Si de hecho cumpliéramos lo que es descrito por Pablo en 1 Corintios 13, estoy bastante seguro de que experimentaríamos todo el fruto que sigue: gozo, paz, paciencia y demás. Pablo quiere decir amor *agape* (amor desinteresado), no *philia* (amor fraternal) ni *eros* (amor físico). Lea 1 Corintios 13, observando que «el amor es paciente, es bondadoso. El amor no es envidioso ni jactancioso ni orgulloso. No se comporta con rudeza, no es egoísta, no se enoja fácilmente, no guarda rencor» (vv. 4-5). Guardar rencor es como llevar las cuentas de las ofensas, ¿por qué llevamos las cuentas en lo natural? Para probar que hemos pagado. ¿Por qué llevamos cuenta de las ofensas? Para recordarle a otro sus faltas. El amor rompe todas las cuentas de ofensas, sean las de su amigo, su enemigo, su cónyuge o su vecino. El perdón total significa que todo el fruto del Espíritu sigue.

*Alegría.* Es un estado interno en el que la ausencia de condenación le permite experimentar el mismo gozo de Dios. La felicidad proviene de cosas externas; la alegría es interna y proviene del Espíritu no agraviado.

*Paz.* Esto es algo que Satanás no puede producir. La carne no la puede producir. Es un fruto del Espíritu que da testimonio de su salvación eterna y de que usted le agrada al Señor.

*Paciencia.* Es una habilidad sobrenatural de *esperar*, no meramente esperar en el Señor, ¡sino también en la gente! En lugar de tronar los dedos y esperar que los demás salten, usted los deja ser ellos mismos sin darles una lección.

*Amabilidad.* Esto significa ser cortés. Considerado. Amigable. Esto es lo que hace que la gente quiera estar a su alrededor. ¿Le sorprende que ser amable con la gente sea un fruto del Espíritu Santo?

*Bondad.* Este es posiblemente el fruto del Espíritu más difícil de definir. Es la combinación entre honestidad y generosidad. Se puede utilizar de manera intercambiable con virtud. Creo que «integridad transparente» define mejor la bondad.

*Fidelidad.* Dios es fiel; Él nunca nos va a decepcionar. Él mantiene su palabra. Si somos fieles, seremos consistentes en cumplir con nuestra palabra y demostrar amor *agape.*

*Humildad.* Esto significa la disposición de rendirse; es lo opuesto a ser áspero. Es mantenerse sereno cuando sus planes de pronto colapsan. Uno piensa en la paloma, un símbolo del Espíritu Santo, como lo opuesto a un pichón, que es bullicioso.

*Dominio propio.* Esto significa tener autodisciplina con respecto a su temperamento, apetito, manejo del dinero, ambición, estilo de vida o lidiar con facilidad con la decepción.

Mientras que los dones del Espíritu son concedidos sin revocación, el fruto emerge en proporción con nuestra obediencia. Los dones son soberanamente concedidos e irrevocables; no prueban qué tan espiritual es una persona, mientras que el fruto del Espíritu sí indica la espiritualidad de uno. Como dije anteriormente, la gente de la Palabra, hablando en general, tiende a enfocarse en el fruto; la gente del Espíritu se enfoca más en los dones.

¿Por qué no en ambos?

Para mayor estudio: Romanos 11:19; 1 Corintios 13; Gálatas
5:17-25; Santiago 3:17-18

> *Bondadoso Espíritu Santo, estoy avergonzado de no mani-*
> *festar tu fruto como debería, y pido tu perdón. Te pido*
> *que mi vida muestre tu poder en los dones espirituales, así*
> *como gracias que demuestren tu fruto. En el nombre de*
> *Jesús, amén.*

_____

_____

_____

_____

_____

_____

_____

_____

_____

_____

_____

_____

_____

# EL ESPÍRITU SANTO UTILIZA LA IMPOSICIÓN DE MANOS

E N CIERTA ETAPA de la vida de la primera iglesia emergió una práctica mediante la cual el poder del Espíritu Santo se transfería a través de la imposición de las manos. Esto de hecho se hizo unos mil trescientos años antes por Moisés. El Señor le dijo a Moisés: «Toma a Josué hijo de Nun, varón en el cual está el Espíritu, y pondrás tu mano sobre él» (Números 27:18, JBS). Moisés hizo precisamente eso. «Luego le impuso las manos y le entregó el cargo» (v. 23). Observe que Josué ya tenía el Espíritu. Pero necesitaba más. Hubo tanto una renovación como una comisión con la imposición de las manos. Josué fue «lleno de espíritu de sabiduría, *porque* Moisés puso sus manos sobre él» (Deuteronomio 34:9, énfasis añadido).

Una parte del ministerio de Jesús fue que le impuso manos a la gente o meramente los tocaba para su beneficio. Vino a casa de Pedro y vio a la suegra de Pedro acostada en cama con fiebre. «Le tocó la mano y la fiebre se le quitó» (Mateo 8:14-15). Un principal de la sinagoga le rogó a Jesús: «Mi hijita se está muriendo. Ven y pon tus manos sobre ella para que se sane y viva» (Marcos 5:23). Jesús fue a su casa, «la tomó de la mano [...] se levantó en seguida y comenzó a andar. Ante este hecho todos se llenaron de asombro» (vv. 41-42). Jesús sanó a un ciego cuando «le puso de nuevo las manos sobre los ojos, y el ciego fue curado: recobró la vista y comenzó a ver todo con claridad» (Marcos 8:25).

Jesús también impuso las manos sobre los niños (Mateo 19:15). ¿Alguna vez se ha preguntado cómo fueron esos niños de grandes? ¡Lo descubriremos en el cielo!

En Hebreos 6:1-2, el escritor se refiere a seis doctrinas que llama «fundamentos». Uno de estos es «imposición de manos». ¿Cuál es el propósito? Dos cosas. Primero, transferir la unción del Espíritu Santo. Segundo, lanzarlo a uno en un ministerio especial, u ordenación. La primera referencia a la imposición de manos en la primera iglesia fue cuando «por la mano de los apóstoles se hacían muchas señales y prodigios en el pueblo» (Hechos 5:12, RVR 1960). La segunda referencia es cuando los primeros diáconos fueron seleccionados con el fin de aligerar la carga de los apóstoles. Después de que se escogieron siete hombres, los apóstoles oraron y «les impusieron las manos» (Hechos 6:6). En este caso no es claro si imponer las manos dio como resultado un incremento en la unción (probablemente) o si fue para mostrar aprobación apostólica (ciertamente). Pablo más tarde aconsejaría a Timoteo a no apresurarse «a imponerle las manos a nadie», no sea que le dé aprobación a la persona incorrecta (1 Timoteo 5:22). Mientras la iglesia ayunaba y oraba en Antioquía, «dijo el Espíritu Santo: Apartadme a Bernabé y a Saulo para la obra a que los he llamado. Entonces, habiendo ayunado y orado, les impusieron las manos y los despidieron» (Hechos 13: 2-3). En esta ocasión se demostró tanto la aprobación y el incremento de poder para estos dos hombres. A lo largo de los siglos la iglesia cristiana ha mantenido la imposición de las manos con referencia particular a la ordenación. Y siempre se esperaba que una medida del Espíritu Santo fuera simultáneamente transferida cuando esto sucedía.

En la mayoría de las ocasiones con respecto a la imposición de las manos no era para ordenación sino para la mera transferencia de poder; algunas veces para recibir el Espíritu, otras veces para señales y maravillas. Pablo y Bernabé hablaron con denuedo del Señor, «el cual daba testimonio a la palabra de su gracia, concediendo que se hiciesen por las manos de ellos señales y prodigios» (Hechos 14:3, RVR 1960). Cuando Pablo estaba en Éfeso, fue la imposición de las manos lo que dio como resultado que los efesios fueran bautizados con el Espíritu «y empezaron a hablar en lenguas y a profetizar» (Hechos 19:6). Dios hizo «milagros extraordinarios por mano de Pablo» (v. 11, RVR 1960). Cuando los apóstoles escucharon que la gente de Samaria había aceptado la Palabra de Dios, enviaron a Pedro y a Juan a ellos. Ellos oraron porque los samaritanos recibieran el Espíritu Santo porque el Espíritu no había venido todavía sobre ninguno de ellos. «Entonces Pedro y Juan les impusieron las manos, y ellos recibieron el Espíritu Santo» (Hechos 8:17). Y además, Ananías, quien no era un apóstol, fue utilizado en la fase embrionaria de la nueva vida de Saulo de Tarso. Ananías, aunque se sentía muy ansioso de ir con Saulo (quien era considerado peligroso), hizo como se le pidió. «Impuso las manos a Saulo y le dijo: "Hermano Saulo, el Señor Jesús, que se te apareció en el camino, me ha enviado para que recobres la vista y seas lleno del Espíritu Santo"» (Hechos 9:17). Saulo fue lleno del Espíritu y fue sanado instantáneamente.

La imposición de las manos fue utilizada en la transferencia de la unción para sanidad. Cuando Pablo estaba en Malta, un hombre estaba enfermos con «fiebre y disentería». Pablo lo visitó y oró, y «le impuso las manos y lo sanó» (Hechos 28:8). Santiago dijo que si había una persona enferma, que los ancianos «oren por él y lo unjan con aceite en el nombre del Señor» (Santiago 5:14). Como dije anteriormente, utilizábamos la unción con aceite y la imposición de las manos en nuestros últimos días en la Capilla de Westminster. Vimos algunas sanidades extraordinarias, incluyendo exorcismos.

Una señora vino conmigo después de que prediqué en Escocia. Ella me pidió que orara por su jaqueca. Puse mi manos en ambas sienes y ore breve y simplemente: «En el nombre de Jesús sé sana», y luego seguí mi camino. Yo normalmente habría olvidado esto. Pero cuatro meses más tarde la persona me escribió para decirme que había tenido una condición grave de sinusitis durante cinco años. Esa semana era lo peor que nunca se había sentido, y el día que me pidió que orara por ella estaba teniendo la peor jaqueca de su vida. Me dijo que cuando oré por ella, no sintió «nada». Pero unas pocas horas después se dio cuenta de que la jaqueca había desparecido junto con la condición de sinusitis. Esto lo digo para mostrar que la ausencia de una manifestación inmediata no debería desanimarnos.

Mi esposa, Louise, y nuestro hijo, TR, han tenido experiencias transformadoras a través de la imposición de las manos. Louise fue sanada instantáneamente. TR fue traído de vuelta al Señor. ¿Por qué la imposición de manos? Los caminos de Dios son más altos que nuestros caminos. No trate de entenderlo. ¡Solamente acepte que Él usa cosas que le parecen tontas a la mayoría de la gente!

Para mayor estudio: Números 27:18-23; Hechos 6:1-7; 9:10-19; Santiago 5:13-16

*Querido Espíritu Santo, hay muchas cosas en tu mundo que no comprendo. Dame la gracia para no cuestionar, sino para aceptar que tus caminos y tus pensamientos son más altos que mis caminos. También concédeme el poder de bendecir a otros a través de mis propias manos, aunque soy indigno. En el nombre de Jesús, amén.*

# EL ESPÍRITU SANTO
# INTERCEDE POR NOSOTROS

¿ALGUNA VEZ SE ha preguntado si estaba verdaderamente orando en la voluntad de Dios? O, ¿ha deseado estar seguro de estar orando la voluntad de Dios? Después de todo, Dios solamente nos escucha cuando oramos en su voluntad (1 Juan 5:14). Juan añade: «Y si *sabemos que Dios oye* [un gran «y si»] todas nuestras oraciones, podemos estar seguros de que ya tenemos lo que le hemos pedido» (v. 15). Este tipo de saber es bastante raro, en mi opinión. Por lo menos mi propia experiencia me sugiere que es raro. Usted quizá responda: «Pero si usted fuera más espiritual, usted sabría todo el tiempo que está orando en la voluntad de Dios». ¿En serio? ¿Qué hay del apóstol Pablo? ¿Diría usted que era un hombre espiritual? Y no obstante dijo:

> Así mismo, en nuestra debilidad el Espíritu acude a ayudarnos. No sabemos qué pedir, pero el Espíritu mismo intercede por nosotros con gemidos que no pueden expresarse con palabras. Y Dios, que examina los corazones, sabe cuál es la intención del Espíritu, porque el Espíritu intercede por los creyentes conforme a la voluntad de Dios.
>
> —ROMANOS 8:26-27

Según Pablo, entonces, el Espíritu Santo intercede por nosotros cuando no sabemos cómo orar o por qué orar, pero el Espíritu sabe e intercede en la voluntad de Dios. El problema es que a usted y a mí no nos es dado conocer el contenido de la intercesión del Espíritu Santo. Si solamente pudiéramos tener línea directa al trono de la gracia y escucháramos la oración real del Espíritu Santo (como en los viejos tiempos, cuando algunos de nosotros teníamos líneas compartidas y podíamos oír las conversaciones de otras personas), ¡entonces podríamos conocer la voluntad de Dios en ese momento! Pero nos guste o no, no sabemos lo que el Espíritu Santo está orando. Sabemos que intercede por nosotros «con gemidos que no pueden expresarse con palabras» («con gemidos indecibles», RVR 1960). La pregunta es esta: *¿Quién es el que gime?* ¿Es el Espíritu Santo? ¿Somos nosotros? ¿Somos ambos? ¿Podría ser que gemimos cuando oramos pero sabemos que el Espíritu gime con nosotros? No siempre podemos poner nuestras oraciones en palabras. Algunas veces usted no puede articular los pensamientos. Simplemente gime. Ruega interiormente. Anhela.

Pero hay un gran agregado en este dilema interno: el Espíritu Santo entra y ora por nosotros. ¡Y cuando lo hace es siempre según la voluntad de Dios!

Cuando Pablo dice que Cristo «también» intercede por nosotros, ¿significa que *además* de todo lo que ha hecho por nosotros que *también* intercede por nosotros (v. 34, RVR 1960)? ¿O esto significa que no solamente el Espíritu Santo intercede por nosotros, sino que «también» Cristo intercede por nosotros? ¡Como sea, sabemos que tanto Jesús como el Espíritu Santo interceden por nosotros! Estos dos intercesores tienen en común que sus oraciones por nosotros son conforme a la voluntad de Dios.

Cuando Pablo dijo: «Vivo por fe en el Hijo de Dios» (Gálatas 2:20, PDT), ¡parte del significado es que Jesús ora por él con una fe perfecta! Pablo sabe que su propia fe es imperfecta. Pero cuando vive por la fe del Hijo de Dios, Pablo se da cuenta de que Jesús siempre está orando por él con fe perfecta y en la voluntad de Dios. Y Pablo depende de eso.

Si Pablo vive por la fe del Hijo de Dios, también se desprende que podemos vivir por la fe del Espíritu Santo. Porque cuando el Espíritu intercede por nosotros, Él no dice: «¡Por favor, ayuda mi incredulidad!». Para nada. Cuando el Espíritu Santo intercede, sabe que su oración será respondida porque solamente Él intercede conforme a la voluntad de Dios. ¡Y yo puedo vivir por eso!

Pregunta: ¿Los gemidos que no se pueden expresar con palabras se refiere a orar en lenguas? Sí, en mi honesta opinión. Lo digo porque: (1) Pablo admite que cuando habla u ora en lenguas no tiene idea de lo que está diciendo, que solamente Dios lo sabe (1 Corintios 14:2); (2) Pablo habla de orar con el espíritu (v. 15), que es lo que orar en lenguas es, según el contexto; y (3) Pablo añade que habla en lenguas más que cualquiera en Corinto (v. 18). Por lo tanto, hace perfecto sentido cuando Pablo no sabe cómo orar pero que ora con gemidos que estaría orando en lenguas en ese momento. Después de todo, ¿no queremos todos estar seguros de estar orando conforme a la voluntad de Dios? No estoy diciendo que los que no oran en lenguas no obtienen el beneficio de Romanos 8:26-27. Dios podría escuchar nuestros suspiros más sentidos sin orar en lenguas. Pero es ciertamente un momento muy apropiado para orar en lenguas cuando uno está llevando una carga pesada. Porque orar en el Espíritu es orar conforme a la voluntad de Dios. Usted no sabe lo que está diciendo. Usted no sabe como orar. Así que orar en lenguas llena el hueco maravillosamente. Esto significa que hay por lo menos cuatro ocasiones en las usted puede saber que está orando conforme a la voluntad de Dios. (1) cuando el Espíritu le revela cuál es la voluntad de Dios mientras está orando (1 Juan 5:15); (2) cuando ora el Padrenuestro; Jesús dijo que cuando oráramos, dijéramos:

«Padre nuestro...»; (3) cuando pide sabiduría (Santiago 1:5); y (4) cuando ora en el Espíritu (Romanos 8:26-27; Judas 1:20). ¡Qué fantástico beneficio suplementario de ser un cristiano lleno del Espíritu!

Para mayor estudio: Romanos 8:22-34; 1 Corintios 14:1-25; Filipenses 1:9-11; Judas 1:20

> *Glorioso Espíritu Santo, qué consuelo es saber que la oración es perfecta, así como la oración de Jesús a la diestra de Dios. Incrementa mi fe para que puede descansar en ti cuando ore con suspiros y gemidos y viva por la fe de Jesús. En su nombre, amén.*

# EL ESPÍRITU SANTO DESPERTARÁ A LA IGLESIA

E N LA PARÁBOLA de las diez vírgenes (Mateo 25:1-13) Jesús describe cuál será el estado de la iglesia en los mismos últimos tiempos: *dormida*. La parábola está basada en una boda antigua del Oriente Medio; bastante diferente a nuestras bodas de hoy. La boda se llevó a cabo no en una iglesia ni en una sinagoga, sino en casa del novio. Podía durar un periodo de varios días. El procedimiento era este: el novio iría a la casa de la novia y la traería de vuelta a su casa donde se celebraría la boda, pero la novia nunca sabía cuando él llegaría. Extraño como nos pueda parecer, algunas veces incluso ¡podría venir a la mitad de la noche! La novia tenía jóvenes doncellas a su alrededor que llevaban lámparas. Necesitaban frascos de aceite con el fin de mantener las lámparas encendidas en caso de que el novio llegara de noche.

En la parábola había cinco vírgenes «prudentes»; ellas llevaron aceite con ellas para que sus lámparas nunca se apagaran. Las prudentes representan a los que estaban procurando su herencia. Usted recordará de un capítulo anterior que cada cristiano es llamado a entrar en su herencia. Algunos lo hacen; otros no. Las cinco vírgenes «insensatas» no llevaron aceite; ellas representan a los que no procuraban su herencia. En la parábola hubo un grito a medianoche; no a las 12:00 a. m., la palabra griega significa «a la mitad de la noche». Se escuchó el grito: «¡Ahí viene el novio! ¡Salgan a recibirlo!» (v. 6). Las diez vírgenes se despertaron; incluso las prudentes se habían dormido. Pero las lámparas de las insensatas se habían apagado, habiéndoseles acabado el aceite. Les rogaron a las prudentes: «Dennos un poco de su aceite» (v. 8), pero las prudentes no pudieron ayudarlas. Las que tenían aceite en sus lámparas entraron a disfrutar el banquete de bodas.

Una cosa importante que observar es esta: un gran despertar *precede* a la Segunda Venida. Será el mayor mover del Espíritu Santo desde Pentecostés; cuando la Palabra y el Espíritu se unirán como eran experimentados en la primera iglesia. Toda la iglesia será despertada, tanto los que estaban procurando su herencia como los que no lo estaban haciendo. Será un despertar que le dará la vuelta al mundo en un periodo sumamente corto. Tres observaciones:

Primero, ¡usted no sabrá que estaba dormido hasta que despierte! Usted también hace cosas mientras está dormido que nunca haría al estar despierto. Es mi opinión que la iglesia de hoy —en este periodo de «divorcio silente» entre la Palabra y el Espíritu— está en un *profundo sueño*. Hacemos cosas que no soñaríamos hacer si estuviéramos medio despiertos. El mundo no respeta a la iglesia, pero parece no molestarnos. Hay poco o nada de indignación por las condiciones a nuestro alrededor.

Segundo, cuando el gran despertar venga —el grito en medio de la noche— ¡todos despertaremos! Pero los que no estaban procurando su herencia estarán consternados e implorarán ayuda, pero será demasiado tarde. Los insensatos no se volverán prudentes, sino que permanecerán como eran cuando el grito en medio de la noche suceda. Serán completamente incapaces de disfrutar este gran mover del Espíritu; solamente lo observarán a la distancia, desde las líneas laterales. No obstante, los que habían estado procurando su herencia, estarán justo en medio de ello, disfrutándolo hasta el final.

Tercero, este despertar atestiguará la reunión entre la Palabra y el Espíritu. El evangelio será restaurado a su antiguo poder. Por fin el mundo temerá al pueblo de Dios. Sucederán milagros como en el libro de los Hechos, incluyendo que personas serán resucitadas. La ceguera de Israel será eliminada; muchos judíos serán salvos. También muchos musulmanes serán salvos. Pero al mismo tiempo sucederá una gran persecución. Lo siento, pero no será todo diversión.

Le pregunté a un líder carismático en Inglaterra: «¿Cuál cree usted que es el movimiento carismático, Ismael o Isaac?». Él respondió: «Isaac». Cuando le pregunté: «¿Qué diría si le dijera que el movimiento carismático es Ismael?». Él dijo: «Espero que no». En mi capítulo final de *Fuego santo*, «Isaac», sugiero que todo lo que hemos visto hasta ahora es descrito mejor como Ismael; para quien Dios tuvo un gran propósito. ¡Pero viene Isaac! ¡Y así como la promesa a Isaac fue cien veces mayor que la promesa a Ismael, así lo que vendrá será cien veces mayor que cualquier cosa que hayamos visto! Cuando primero hice esta declaración en el Centro de Convenciones de Wembley en Londres en 1992, no fue bien recibida. «Usted nos llama Ismael», me dijeron los líderes carismáticos. Pero algunas de esas mismas personas han entendido y han respaldado lo que dije. Y aun así no tenía idea de que Smith Wigglesworth profetizó lo mismo tres meses antes de su muerte en 1947. Puede buscarlo en Google y leerlo por usted mismo. En una palabra, predijo que el mayor mover del Espíritu Santo jamás visto — que eclipsará los avivamientos de Welsh y Wesley— sucederá; ¡la Palabra y el Espíritu se unirán!

Cierro este libro con una palabra consoladora y al mismo tiempo aleccionadora: el gran despertar está cerca, a las puertas. Pero no todos lo disfrutarán; solamente los que han procurado fielmente su herencia. El Espíritu Santo despertará a la iglesia. Usted puede contar con eso. El llamado vendrá cuando estemos en un profundo sueño; no lo estaremos esperando.

Cuando ese momento venga, será demasiado tarde para los que no estuvieron buscando intimidad con el Espíritu Santo para disfrutar el siguiente gran mover de Dios. Me gustaría que este libro fuera una mini llamada a despertarse antes de que el gran llamado a despertar venga. Será demasiado tarde para las insensatas volverse prudentes entonces. Pero ahora no es demasiado tarde.

Que la bendición de Dios el Padre, Hijo y Espíritu Santo esté con todos ustedes. Amén.

Para mayor estudio: Mateo 25:1-13; Lucas 12:35-40; Efesios 5:8-21; Apocalipsis 3:14-22

*Muy bondadoso Espíritu Santo, le doy la bienvenida a cualquier llamado a despertar que me haga volver en mí. Concédeme no perder el gozo y la gloria de lo que viene. Despiértame ahora para que pueda saber que estoy verdaderamente procurando mi herencia. Y glorifique a Jesús al más alto grado. En su nombre, amén.*

# NOTAS

### Día 1: El Espíritu Santo es Dios

1. «Holy Spirit, Truth Divine» por Samuel Longfellow. Dominio público.
2. «Holy Ghost, Dispel Our Sadness» por Paul Gerhardt. Dominio público.
3. «Lord God, the Holy Ghost» por James Montgomery. Dominio público.
4. «Spirit of God, Descend Upon My Heart» por George Croly. Dominio público.
5. «I Worship Thee, O Holy Ghost» por William F. Warren. Dominio público.

### Día 5: El Espíritu Santo da advertencias

1. Para leer el texto del sermón de Jonathan Edwards «Pecadores en las manos de un Dios airado», visite www.thirdmill.org (consultado el 14 de junio de 2014).

### Día 7: El Espíritu Santo da talento

1. Deborah Kotz, «Get Happy, and You'll Live Longer» *U.S. News and World Report*, 17 de diciembre de 2006, www.health.usnews.com (consultado el 15 de enero de 2014).
2. Vea Charles Spurgeon, «The Sword and the Trowel» sermón predicado el 1 de diciembre de 1870, www.godrules.net (consultado el 15 de enero de 2014).

### Día 14: El Espíritu Santo no nos abandona

1. El fallecido Dr. Peter Eldersveld, predicador radial de *Back to God Hour* fue conocido por hacer esta afirmación.

### Día 30: El Espíritu Santo predecirá el futuro

1. R. T. Kendall, *Why Jesus Died* (Monarch Books, 2011).

### Día 31: El Espíritu Santo glorificará a Jesucristo

1. «O for a Thousand Tongues to Sing» por Charles Wesley. Dominio público.

Te invitamos a que visites nuestra página web, donde podrás apreciar la pasión por la publicación de libros y Biblias:

**www.casacreacion.com**

*Para vivir la Palabra*